WAC BUNKO

日本よ、憚(はばか)ることなく

亀井静香
石原慎太郎

WAC

はじめに——

「俺は竹藪の仙人になる」と政界を引退したものの、混迷する世界の動向に日本はどうやって立ち向かうのかと気を揉む事もしばしば。そんな矢先、政治のみならず国内外の文明、文化にも精通した現代の知の巨人と言っても過言ではない、盟友の石原慎太郎氏から月刊『Ｗ・ｉＬＬ』誌上で対談しないかとの誘いがあった。

石原さんは生まれながらの太陽ボーイで、昔からいつも眩しくキラキラ輝いていた。あれほど何もかも揃っていると大概嫌なやつになるものだが、彼は人一倍正義感の強いナイスガイで周りには政・財界、文化人が取り巻き、私にとっても兄貴分のような存在だった。発想力と思い切りの良さは抜群で欲が無いから、損得なしに「よし、やってみよう」という事になる。

そんな事で意気投合し、権力に対して好戦的な行動を共にしてきた。時の流れに逆らえず二人とも政治からは足を洗い、八十歳を過ぎた爺さんになってもやはり憂国の思いは募り、義憤にかられる。敗戦という激動の時代を経て平和を享受する余り漫然とした空気の中で、国家としての誇りも失われつつあるようだ。

今更ながらに石原さんには総理としてこの国を背負って欲しかったという思いは消えず、総裁選に担いでから三十年以上過ぎて、今一度憂国の士として相棒を務められるとは望外の僥倖。本書がこの国の来し方、行く末を思い、奮い立つ一助となれば正に本望だ。二人で得意の「昭和維新の歌」でも歌いながら、いざ出陣。獰猛なトランプやプーチン、習近平を蹴散らすぞ！

最後に盟友の石原さんとこのような機会を与えて頂いたワック及び担当編集者に心からの感謝を申し上げたい。

令和元年十一月吉日

亀井静香

日本よ、憚(はばか)ることなく

目次

装幀／須川貴弘（ＷＡＣ装幀室）

第1章

中国・韓国・北朝鮮とはとことんやり合え！

戦ってでも拉致被害者を取り返せ

石原　亀ちゃん、北朝鮮に行きたいと言っていたけど、何しに行くのよ。
亀井　拉致した日本人を返せと言いに行く。その代わり、返してくれるなら、思い切って金をやるぞと。日本でも誘拐犯に人質の身代金を払うことがある。それと同じで、一人アタマで十億円、百億円かかってもいいじゃないの。
　ただ、行きたいんだけど、シンゾーに止められているんだ。「政府の特使で行かせてくれ。でも、拉致被害者を取り戻すためには、タダで済むというわけにはいかないぞ」と言ったら、「いや、それは私自身がやりますから、やめてください」と断られてしまった。
石原　そうか、亀ちゃんが拉致されたら、助けに行ったのに（笑）。僕は北朝鮮に行くのは嫌だな。毒殺されるだろうから（笑）。
亀井　相手の懐に飛び込んで匕首（あいくち）を突きつけてやらないとケンカにならんだろう。

石原　小泉純一郎が訪朝したときは、一切、現地の食べ物を口にしなかった。日本からカップラーメンから何から、いろいろ持ち込んだ。亀ちゃんだって、一服もられるかもしれないぞ。

亀井　もられたっていいよ。もしかしたら、男性機能が回復するかもしれない（笑）。「喜び組」にでも接待されたときは、まずは亀井静香を男にしないといかん！

石原　唯一の楽しみはハニートラップか（笑）。据え膳食わぬは男の恥だしな。

亀井　三島由紀夫や西部邁（すすむ）だって自決しているんだ。石原さんは現代に生き残っている思想家の代表選手の一人なんだから、「毒殺が怖い」なんて言ったらしょうがない（笑）。一体、誰に看取られて往生したいんだ。

石原　犬死はしたくないからな。

亀井　トランプ大統領に会いに行こうとしたときだって、旅券とか全部用意していたのに、あなた、突然、腹が痛くなって行けなくなったじゃないか（笑）。

石原　あのときも一服もられたんだ。

亀井　また、そんなことを言って。

石原 第一、北朝鮮に行ったってしょうがないだろう。

亀井 北の非核化はアメリカがやればいいが、拉致問題は日本にとって一丁目一番地。拉致被害者の返還は取引だから、「経済援助はこれだけする」と総理が了解していないのに、個人的な交渉ができるはずもない。シンゾーは拉致問題も「私がやります」と言いながら、何もしていない。

石原 菅義偉を拉致問題担当大臣に就けた。ま、逃げ口上だろうな。

亀井 シンゾーが「自分が行く」と言ったんだから、ちゃんと手土産を持って北朝鮮に行くべきだ。それで拉致被害者を日本に戻すことができれば、歴史に残る大宰相になる。

石原 拉致問題は、トランプやポンペオの口から金正恩に伝えているんだろう。

亀井 頼んでいるようじゃダメだ。直接言わなきゃ。アメリカは「拉致」の当事者じゃないんだから。

石原 亀ちゃん、BSフジ『プライムニュース』(二〇一九年六月十三日)に出演しただろう。そのとき、元民主党議員の石井一も同時に出演していた。石井は「拉致被害者は死んでいる」と断言していたけど、根拠はなんだ。日朝友好促進議員連盟訪朝団の総団長をやっていたんだろう。

亀井　石井さんは昔からそういうことばかり言っている。北朝鮮にもしょっちゅう行っていたからな。

石原　外国の人質を殺すなんて、なんの躊躇（ちゅうちょ）もないだろうな。

亀井　石原さんが訪朝したら、すぐ毒をもられるよ（笑）。

石原　バカなことを言うな（笑）。

亀井　ともかく日本は拉致被害者を救うことが何よりも優先すべき事案だよ。

石原　何人くらいいるんだろうか。

亀井　二百人くらいいる可能性がある。もしかしたら、もっといるかもしれない。

石原　横田めぐみさんの母親、早紀江さんを見ていると胸が痛むね。

亀井　向こうでの生活が根づいている場合がある。居心地がよければ、北朝鮮にとどまることを選択してもしょうがない。現地で結婚して、北朝鮮人になりきっている人もいるだろうから。浦島太郎で、日本に帰ってきても幸せにはなれない。そうではなく、日本に帰りたいと希望するなら即刻、帰すべきだ。

石原 小泉政権のとき、拉致被害者が五人帰国したけど、なぜ、人数をあれだけ絞ってしまったんだろうか。水面下で交渉を進めていたのは、当時、外務省アジア大洋州局局長の田中均だったが。

亀井 そのあたりのことはよくわからない。

石原 そう言えば、右翼が田中の自宅ガレージに爆発物を仕掛けたりしたな。その当時の交渉のいきさつがもう少しわかるようになったら、これからの交渉の仕方も変わってくるんじゃないか。

亀井 確かに。昔の約束に縛られてはいかん。拉致を解決できない総理は、一国の総理とは言えない。昔なら戦争をしてでも取り返しているだろう。

石原 『風とライオン』(一九七五年/監督：ジョン・ミリアス)という映画がある。主演はショーン・コネリー、キャンディス・バーゲン。モロッコにアメリカ人女性が人質としてとられるんだけど、当時の大統領、セオドア・ルーズベルトが軍艦を派遣して、大砲を打ち込んで人質を取り戻すんだ。残念ながら、今の日本にはその力がない。

亀井　まさにそうだ。

「北朝鮮は理想の国だ」と発言した大江健三郎の責任

石原　僕は都知事のとき、北朝鮮をいじめているんだよ。美濃部亮吉の都政時代、「外交機関に準ずる機関」として、相手に対しても固定資産税を免除してしまった。在日本朝鮮人総連合会（朝鮮総連）の土地と建物が二カ所あってね。

主税局長が「これは許せないんですけど」と言ってきたので、「よし、課税しよう。払っていないんだろう？」「払っていません」「よし、差し押さえろ」と指示したところ、買い手がついた。そこで相手に「固定資産税を払わないと競売にかけるぞ」と言ったら、慌てて現金を持ってきた。一つが約三千万円、もう一つが約二千万円。主税局長が笑って「見てください、このざまですよ」と言うから、なんだろうと思って見てみると、慌ててかき集めたんだろう、一万円札は表裏・上下がバラバラで、しかも、紐で縛ってあるんだよ（笑）。

亀井　いいことをしているじゃない（笑）。

石原　朝鮮総連は唾棄すべき存在だと思っている。関係者の中には、拉致の手助けをしたヤツもいるだろう。どうしようもないよ。

朝鮮がらみで、もう一つ、腹立たしい思い出がある。関口宏が司会している『サンデーモーニング』（ＴＢＳ）という番組のことだ。僕が二〇〇三年「救う会東京」の集会で基調講演をしたとき、「私は日韓併合を一〇〇％正当化するつもりはない。彼らの感情からすれば、そりゃやっぱり忌々しいし、屈辱でもありましょう」と発言したら、番組内で「私は日韓併合を一〇〇％正当化するつもりわぁ……」と最後の部分を聞き取りづらくし、その上で「私は日韓併合を一〇〇％正当化するつもりだ」とまったく正反対のテロップをつけやがった。

それで大騒ぎになって、あることないこといろいろ言われたよ。僕はＴＢＳ相手に刑事訴訟まで起こし、ＴＢＳは誤報と認め、謝罪に至った。

亀井　それはひどい話だ。

石原　とにかく日朝首脳会談をするべきだな。この前、亀ちゃんと二人で安倍君と会ったときも、「無条件に金正恩と首脳会談をやる」と言っていた。

亀井　前提条件なしで会えばいい。そして「拉致した日本人を帰せ！」と言うべきだ。

石原　そう簡単には返さないだろう。

亀井　決裂で終わったとしても構わない。シンゾー自身、男をあげて帰ってくることができる。あんな国を相手にするには、道徳的な話では通じない。具体的な取引しかないんだ。国民から批判されても、シンゾーは割り切ってやらないと、いつまでたっても解決しない。

石原　亀ちゃん、北朝鮮は本当に〝完全かつ検証可能で不可逆的な〟非核化ができると思う？

亀井　そんなことできるはずがない。非核化したら、リビアのカダフィ大佐と同じ運命をたどるに決まっている。アメリカは金正恩を地上から抹殺するオプションがあるから、武装解除したら実行するだろう。

石原　北は核を絶対に手放さないだろう。

亀井　小国が大国の脅威に対抗するためには、核を持つほかない。

石原　それにあれほど大きなＩＣＢＭミサイルを民衆の前で金正恩は壊すことができると思うか。絶対にできない。

亀井　となれば、日本は北とどう付き合うべきか。暴発させないことだ。日本は拉致問題を抱えている。拉致問題を解決する代わりに、北朝鮮が貧しいなら経済的援助をする。そういう交渉が必要になる。

石原　トランプと金正恩の感情についても考えなければいけない。もし、アメリカの主要都市の一つに北朝鮮の一発の核が落ちたら、メンツも何もあったものではない。アメリカの地位は一気に地に落ちる。一方で、金正恩もあれだけの何十メートルもあるＩＣＢＭを、衆人環視の中で破壊することがはたしてできるのか。心理的にはとてもつらい仕事だよ。

亀井　トランプは功績を上げたいから、米朝会談を数回実現しただけであって、完全な非核化はどちらも実行されるとは思っていない。

石原　ニュース番組で「米朝首脳会談の成果が上がっている」と言っているコメンテーターが多くいたけど、何のリアリティもない。交わされた文書を丸ごと信じる国民は幼稚だなと思う。かつて「北朝鮮は理想の国だ」と、バカなことを言った日本のインテリたちがいた。大江健三郎もその一人だ。この発言の責任をどうやって取るつもりなんだろうか。

文在寅大統領は韓国軍に粛清される

石原　朝鮮半島は結局どうなる？　文在寅大統領は韓国軍に粛清されるんじゃないか。つまり、クーデターに巻き込まれるんじゃないか。文在寅のような政策をされたら、韓国軍は立つ瀬がない。

亀井　その危険性がないとは言えない。そもそも南よりも北のほうが人種的に優秀だろう。

石原　いい女も多い。

亀井　ハッカー集団もかなり力があるようだ。南北が統一すると、それなりに強い国家が誕生するだろうな。今の北は、能力は高いが、実質が伴っていない。なぜなら、財政力が乏しいからだ。

石原　朴正熙元大統領は、軍事政権をつくって、韓国の近代化を進めた大功績がある。福田赳夫さんが首相だったとき、日本の総理としてははじめて韓国を訪問しようと宣言したけどダメだった。朴元大統領は、その言を評価して、限られた人間を韓国に招待してくれた。参加したのは僕や安倍晋太郎、中川一郎、中村弘海(こうかい)、藤尾正行(まさゆき)。休日、ゴルフ場を全部借り切ってゴルフをして、そのあと、宴会をした。そのとき、韓国側は全員軍人だった。金融のトップで、日本大使を務めた人間もいたけど。結局、全員殺されたんだよ。朴元大統領つきの凄腕ボディーガードがいたけど、そいつはまわりに嫌われて殺されてしまった。その途端に、軍人の仲間によって朴元大統領も撃ち殺された。文大統領も同じ運命をたどるんじゃないかと見ているんだ。

亀井　そういう見方もあるけど、今の文政権は革命政権だ。議会制民主主義の中で生まれた政権ではない。そういう意味で、彼らは少数派だけど、北と仲が良く、完全に手を握ったと見たほうがいい。今の文政権は侮(あなど)れない。彼らは反米・反日で徹底している。北に対しては、裏では経済援助をしているよ。開城工業団地だけではなく、北に必要なものを南がどんどん投資している。

石原　とっても危ないじゃないか。

亀井　同じ民族同士だから簡単に切れないんだ。

石原　軍は何も感じていないのか。

亀井　感じないだろう。韓国軍だって、別に北と戦争をしたいとは思っていないから。そもそも在韓米軍に対して、朝鮮戦争で、朝鮮民族のために戦ってくれたという感謝の気持ちは薄弱じゃないか。

石原　それ以前に、北主導で統一されたいとは思っていない。

亀井　それはそうだろう。文大統領も、北主導の統一政権をつくりたいとは言っていない。文政権の中枢にいる人間は、一度や二度、刑務所に入ったことがあるような連中ばかりだ。石原さんだって刑務所に入ったことないだろう（笑）。

石原　そう言う亀ちゃんだってないだろう（笑）。

亀井　日本の政治家は、やわい政治家ばかりなんだ。韓国の連中は、基本的に北と一緒になりたいと思っている。ただ、北主導で統一されたいとは考えていない。その点では、韓国のほうに自信がある。

石原　なぜ自信があるんだ？

亀井　経済力だよ。生活レベルが北と南では雲泥の差がある。一方で、文大統領はうまく立ち回っている。

石原　どういう意味で？

亀井　韓国は日本とアメリカの機嫌を損ねることを平気でやっている。南北首脳会談もそう。マスコミに報道されていない裏取引だってたくさんある。南からしたら、北は同胞だからどんどん助ける。

一方で、要求すべきことはしっかり要求する。ある面では、いい戦術を文政権は取っている。南北両国の最終目標は統一だから。

石原　それは同感だ。同一民族が分割されている悲哀や口惜しさは、当事者でなければとてもわからない。日本人からすると実感が湧かないんだよ。仮に太平洋戦争でロシアが北海道を攻めてきて、分割統治をしたら、それはとんでもない悲劇だ。でも、そういうことがなかったわけだから。

亀井　分裂しているほうが、都合がいいという場合もある。統一国家ができたら、日本は、安全保障上、対抗措置を取る必要が出てくる。そういう意味では、南北統一が日本にとって損か得かは別問題。

石原　下手をしたら、日本は中国の属国どころか、朝鮮の属国になりかねないな。

亀井　そういう危機意識を持っていたほうがいい。とにかく拉致問題を蚊帳の外に置いて、米朝が会談するという状況になっている。アメリカからすると、拉致問題は大きな関心事ではない。アメリカは、アメリカ人の人質を三人取り返したけど、同じように日本の拉致被害者も返ってくると思ったら大間違いだよ。それとこれとは別次元の話。

石原　それはそうだろう。

亀井　日本としては、北朝鮮に対して覚悟を示さないといけない。

石原　どういう覚悟だ？

亀井　経済制裁だよ。

石原　効果があるかな。

亀井　ある！　北朝鮮は石油問題を抱えているから、経済制裁によって若干軟化した態度を取っている。

石原　北は、日本や韓国には報復行動をしないよ。アメリカを直接攻撃するだろう。

亀井　いや、日本にも攻撃する。もちろん北のＩＣＢＭの精度はまだ高くない。でも、中距離ミサイルに関しては、精度の高いミサイルを開発している。日本やグアムには確実に落とすことができる。その覚悟はしないといけない。弱腰になれとは言わないが、北とは話し合いで、彼らを危険のない安全な状態に持っていくことが大切なんだ。つまり、国交正常化させることだよ。

石原　北が日本を攻撃して、何の得があるんだ？　日本を温存していたほうが、よほど利用価値があるだろう。

亀井　極東でアメリカの最大の軍事基地があるのは日本だよ。北の安全保障の観点から攻撃するメリットは十分にある。

石原　それはそうだけど。

まさに愚の骨頂

石原　一方で、韓国に対して「ホワイト国」優遇措置を除外することを日本政府が決めたが、これは評価すべきだ。小気味がいいよ。

亀井　当然だ。まあ、サッカーで負けたのを、野球で仕返ししているようなものだけど。

石原　現象を把握して、相手の痛いところをしっかり突いている。なかなかの手練手管だな。だいたい今の韓国を見ていると、近い将来、北朝鮮に呑み込まれて、とんでもない共産主義国が誕生するだろうな。いや、すでに韓国はおかしくなっている。日韓請求権協定があるにもかかわらず、韓国はいわゆる徴用工問題を持ち出して、バカなことを言い出した。徴用工にしたって、日本にもたくさんあった。

「へいやじゃありませんか、徴用は。カネのお碗に竹の箸。仏様でもあるまいに、一膳飯とは情けなや」という戯れ歌すらあった。韓国は自国の歴史を感情的に否定し続けている。本当に愚の骨頂だよ。そうなると理性を欠いて、冷静でいられなくなるよ。

亀井 そうだろうな。徴用工問題は政府間で決着済みだから、韓国政府がきっちり対応すべきことなんだ。

石原 そんなことを言ったらキリがない。彼らは日韓併合時代を反省しろと言ってきているわけだけど、そもそも、併合自体は朝鮮側で決めたことだぞ。日本が放っておいていたら、朝鮮半島はロシアのものになっていたはずだ。朝鮮はロシアの子分になるか、日本の子分になるかを選んで、日本に決めたわけだ。

イギリスの植民地統治研究の専門家、アレン・アイルランドは『THE NEW KOREA』(星雲社)という本の中で、日本統治時代は「朝鮮が劇的に豊かになった時代」と評価している。インフラは充実し、教育制度が整備されるなど、今までの朝鮮半島でなかった現象が起きたわけだから当然だろう。

亀井 ただ、それは奴隷の繁栄だ。

石原 奴隷でも死ぬよりマシだよ。ロシアの圧政に苦しむことに比べたら天と地の差だ。小林秀雄さんが現実の問題を見るとき、歴史を遠くから眺める必要があると言ったけど、その視点がなければ日韓関係の本質はわからない。

亀井　当時の朝鮮人は、日本の支配に対してまったく反発しなかったことは確かだ。強いてあげれば、伊藤博文を暗殺した安重根くらいか。

石原　伊藤は併合自体、消極的だった。安重根がしたことは、単なる逆恨みに過ぎないよ。とにかく徴用工問題は着地点がまったく見えない。ハーグの国際司法裁判所に提訴するとか。国際社会に韓国の異常性をアピールできるチャンスでもあるけどな。

亀井　確かにそうだ。

石原　それと慰安婦問題にしても、二万人調達されたと、韓国人は主張している。当時、朝鮮の人口は二千万人。二千万人の中の若い女性が二万人も連行されたわけだ。売春という商売は昔からあるし、慰安婦だって売春をしていた証拠が出ている。あの当時、貧しい家庭に生まれて、口減らしのため、仕方なく売られた女性も数多くいた。年配の女性が売春婦として対価をもらいながら、生きていたんだろう。どうして朝鮮人男性は立ち上がらなかったのか。しかも、慰安婦像のような少女じゃない。あんな、いたいけな十代の少女像をつくること自体、物事を歪曲（わいきょく）している典型的なやり口だよ。

敗戦後、日本にGHQが入ってきたけど、当時の盛り場で台湾人や朝鮮人が暴れて勝手なことをしていた。それをMP（憲兵）がまったく抑え切れなかった。誰がそいつらを治めたかというと、戦争帰りの血気盛んな若いヤクザたちだった。安藤組や銀座警察がアメリカのMPを無視してことを収めた。日本の男にはそれだけの気概があったんだ。MPの銃まで盗みケンカをして自分たちの力で自治権を取り戻した。それに比べて、朝鮮人の男性はあまりに情けないじゃないか。

亀井　韓国にとって負の歴史であることは間違いない。別の面として、当時の日本人女性はアメリカ兵向けのパンパン（街娼）にさせられていた。さらにアメリカ兵士向けに男娼もいたんだ。こういう事実が日本にもあった。

石原　〽こんな女に誰がした……という歌があったように、落魄（らくはく）して仕方なしに売春を選ぶしかなかったとも言える。でも、朝鮮人の男どもはやっぱり根性がないよ。だから、植民地になるしかなかったんだ。

奴隷の繁栄でいいのか

石原　実際に韓国はどうしようもない。GSOMIA（ジーソミア）を一方的に破棄しようとしたけど、日本海上での出来事を韓国側は情報入手できないから困るだろう。

亀井　すでに北朝鮮のミサイル発射実験（二〇一九年十月二日）に関して、韓国側から「日本に情報の共有を要請する」と言ってきた。

石原　バカげているよ。

朝鮮半島やインドシナ半島、バルカン半島は「紛争地（フリンジ）」と呼ばれる地域だ。必ずその上にある大国の支配や影響を免れず、分裂国家の悲劇を繰り返していた。そういう宿命が地政学的にある。インドシナ半島はラオス、カンボジア、ベトナムとバラバラになってしまった。ただ、ベトナムはフランスの統治下にあって、フランスはいいことをしたんだ。ベトナム語をアルファベットにした。それによって、ベトナム人の知力がものすごく上がったんだ。フリンジを支配した為政者の中で、唯一の功徳（くどく）だと評価できる。

朝鮮半島では常に国家は分裂の憂き目にあい、後方の大国に支配されてきた。そのため、民族精神は卑屈で右顧左眄しやすく、権威に弱い。弱小派閥を率いていた三木武夫が総裁・首相になろうと右往左往したために、〝バルカン政治家〟と言われたけど、それと同じく韓国人の話もクルクル変化する。財閥を増長させたのは、韓国人の民族性に依るものだ。軍隊の権威に追従するのは目に見えている。

亀井 ただ、スパルタカスのように奴隷の叛乱を起こさなかったのは悪いことだと言うのも、少し違う思いもある。自立心を持った繁栄でないといけない。「いいことをしてやったんだから、当時のことは我慢しろ」と強弁するのはどうか。一度占領された屈辱的な気持ちは、韓国人の間ではなかなか消えない。それをわかった上で交渉しないと、いつまでたっても日韓関係はよくならない。

石原 じゃあ、もし韓国がロシアの属国になっていたら、どうなっていただろうか。朝鮮半島は、大きな視点で見ないとダメだ。日露戦争以前のツァー（皇帝）の時代から、ロシアは不凍港を求めて拡張路線を進めてきた。南下政策により満洲が席巻され、いずれ朝鮮半島もロシアの属国になることは、火を見るよりも明らかだった。

ところが、今の韓国はそういう視点で歴史を見ないから、日韓併合のことばかりを取り上げて文句を言ってきている。ロシアの属国になっていたら、どれほど惨めな状態になっていたかわからない。そこを日本がロシアと戦って朝鮮半島を守ったんだ。

亀井　日本だって同じことが言える。戦後、北海道はロシア、それ以外はアメリカと、分割統治される危険性があった。日本人の中には「アメリカに占領されてよかった」と言う人もいるけど、私はそうは思わない。

アメリカの属国として日本文化を根絶やしにされかけたんだ。「天皇」制にまで口を出してきたわけだから、そういう行為を肯定するわけにはいかない。

石原　亀ちゃん、近い将来、日本は「奴隷の繁栄」を享受することになると思わないか？

亀井　トランプと習近平両方から攻め込まれているからな。この新帝国主義に対して、日本はどう対抗していくか。

石原　朴元大統領は、日韓併合は正しい選択だったと言っていた。韓国と北朝鮮は、朝鮮戦争で分断され、しかも、その背後にロシアと中国がいた。でも、客観的に見て、韓国が近代化されたのは日本のおかげだ。朴正煕と一緒に酒を飲んだときに、「石原さん、我々、韓国人は日本に植民地にされた。ただ、日本人は悪いことをしなかったと思います。私自身は貧農の息子で、学校に行きたいと思っていた。それが日本人が支配するようになって、小学校に子供を行かせない親は罰を受けるようになった。労働の手が必要だったけど、両親は嫌々ながら日本人の言うことに従ってくれたので、小学校に行くことができた。小学校ではとても成績が良かったから、校長に褒められた。校長から、

『お前はもっと勉強がしたいだろう。これから、もっと教育が必要だから、学校の先生になれ。師範学校だったら、タダで日本が学費を出してくれるぞ』

と勧められ、師範学校に入ったんです。

そこでも褒められて、『お前は良くできるな。先生も必要だけど、これからは軍人の時代だから、満洲にある軍人学校へ行け』と勧められた。そこでも非常に優秀な成績を収め、日本人の校長が褒めてくれて、市ヶ谷の陸軍士官学校へ行きました。首席

で卒業し、朝鮮人なのに全生徒を代表して答辞を読んだ。植民地支配している国の人間に対して、こんな扱いをする国はありませんよ」

と話してくれたよ。それで今、徴用工問題を持ち出すなんて姑息以外の何物でもない。あの時代、朝鮮人は日本国民だったわけだから、徴用されるのは仕方ないだろう。

亀井　でも、それは奴隷の繁栄じゃないか。確かに「お前たち、奴隷として繁栄しているんだから、いいんじゃないか」と言って、それで満足する人たちもいるよ。今の日本がまさにそうだ！

石原　まさしくそうだな！

亀井　でも、私も満足していないし、石原さんも満足していないでしょう。

石原　していないよ。願うのは完全自立だな。確かに僕だって屈辱感はある。でも、日本は刀折れ矢尽きるまで戦って、アメリカの軍門に降った。ところが、朝鮮はどことも戦っていないんだぞ。

亀井　金日成は白頭山に籠り、独立を勝ち取るまで戦ったと称している。

石原　その話だって伝説に過ぎない。金日成自身が実はニセモノで、まったく違う人間が陣頭指揮を執っていた。幻の将軍が終戦になって現れたとき、元の金日成とは似ても似つかぬ人間で、みんなびっくりしたんだ。

亀井　日本に対して組織的な抵抗は確かになかった。

石原　そうだよ。

亀井　もう一つ、日本と韓国では近親憎悪的な面もあるから、なかなか一筋縄ではいかない。日本は学校をつくったり、街を整備したりと、いいことをたくさんしている。でも、植民地を支配したら、資本を投下して整備するのは当たり前のこと。

石原　当時の朝鮮人は日本人だよ。しかも、併合は合法的に決めたんだ。当時の朝鮮政府で議決されたことだ。日本はまったく悪びれる必要はない。

亀井　合法的にそうなっていたのは確かだ。でも、力関係で泣く泣く併合を選んだのも間違いない。

石原　放っておけば、朝鮮はロシアの植民地になっていたんだ。それが、今でも日本に植民地支配されたという韓国の屈辱感が感情的に働いていて、人道的・道義的ではないと持ち出してはいるが。

今や日韓はアメリカのポチか？

石原　韓国国内では文在寅の支持率がどんどん下がっているけど、当然だよ。いつか軍が動くに決まっている。戦後の韓国史を見ればわかる。政治の原理は、すべて軍が絡んでいる。李承晩の後、軍人の朴正熙が大統領になった。その朴を暗殺したのは軍だ。全斗煥も軍事政権だった。金大中らリベラル勢力が光州で政治運動を始めたとき、大弾圧した。

韓国人は権威に弱く、卑屈な民族だから、軍は絶対的な存在なんだ。日本人の評論家は誰もこのことを口にしない。不思議でしょうがないよ。

亀井　文政権の閣僚の多くが、左派の学生運動の中から出てきている。

石原　北と統一したところで、北主導になることは間違いない。共産主義国家になるけど、韓国民はそれに甘んじるのか？

亀井　歓迎すると思う。なぜなら、多くの韓国民は「反米」だからだ。アメリカに支配されていると思っている。だったら、北と手を結んで強くなったほうがいいと。

石原　共産主義社会になったら、いかに惨めな生活になるのか、それくらいの想像力は働いているだろう。北を見れば、一目瞭然じゃないか。共産主義を許容するほど、韓国民は甘くない。一番立つ瀬がなくなるのが韓国軍だ。

亀井　民間レベルでは南北はすでに交流を強めている。経済活動ではだいぶ協力体制にある。軍もその上に立っているから、なかなか軍レベルで行動を起こすのは難しいんじゃないか。今の韓国軍はガッチリ米軍に支配されている。トランプが、軍のクーデターを許すかどうか、そこは未知数だ。

石原　韓国軍が政府をつくれば、アメリカ寄りになるのは決まっている。だから、アメリカにとって軍が動くことは歓迎すべきことだよ。

亀井　アメリカの国益にとってプラスになるか、マイナスになるか、それだけのことだ。北と手を結んだほうがプラスになると思えば、さっさと韓国を捨てるだろう。

石原　アメリカが北と手を結んだら何のメリットがあるんだ？　ＩＣＢＭの脅威はなくなるかもしれないが。

亀井　中国を牽制することができる。今、朝鮮半島をめぐって、アメリカと中国は奪い合いをしている。北を手に入れたら、韓国も手中に収めることができる。

石原　歴史的に朝鮮半島は中国が支配してきた土地だ。

亀井　中国からすると、北主導の朝鮮半島統一はありがたいと思っている。でも、トランプがそれを許すことはない。だから、北と手を結び、経済援助をしてまで、北を手なずけて朝鮮半島を手に入れようとしている。

石原　北はＩＣＢＭを放棄することはないよ。今、盛んに飛翔体を打ち上げているだろう。

亀井　線香花火みたいなもの。上げさせていればいいんだ（笑）。実害はまったくない。

石原　実際にいつでもＩＣＢＭを撃てるぞと脅しをかけている証拠だよ。でも、絶対にＩＣＢＭを撃つことはないな。

亀井　一発でも撃ったら、一挙にアメリカに殲滅（せんめつ）される。

石原　それは当然だ。でも、いつでも撃てるというのをチラつかせるのは、いい脅しになる。懐にドスを忍び込ませているのと同じことだ。

とにかく韓国をとっちめないと。だいたいろくな学者だって出てこない国なんだ。ノーベル賞だって、誰もとっていないぞ。黄禹錫という生物学者が有力だと言われていたが、研究成果を捏造していたんだから。

亀井 金大中のノーベル平和賞だけか。中国はどうなんだ。

石原 平和賞と文学賞以外に、ようやく二〇一五年に生理学・医学賞を受賞した女性医学者がいるけど、それくらいだ。今の中国なんて他国の技術をパクッてばかりだからな。

亀井 独創性がないのか。

石原 ヨーロッパのルネサンス時代、三つの発明があった。火薬・活版印刷術・羅針盤だ。ところが、中国ではそれよりも前の唐の時代には、木版印刷ができていたと言われている。だから、まったく独創性がない国ではなかった。ところが、今の中国では独創性が失われてしまったんだ。

韓国にしても、今回の徴用工判決では、文政権の強引な人事で最高裁の判事を左派系に変え、そんな判決が出たわけだから、やはり政治的意図が介在していると見るべきだ。

亀井　日本の国益の観点から、文政権の動きがどうなっていくか、確かに注視する必要があるな。

石原　やはり韓国軍が動く可能性はある。文政権に対して強いフラストレーションが溜まっていると思うな。

亀井　韓国軍は嵐の前の静けさか。

石原　文在寅はもともと社会派弁護士だというし、危険な兆候がアリアリだよ。近い将来、粛清か更迭（こうてつ）される可能性が高い。

亀井　アメリカは米韓同盟のみならず、北朝鮮とも米朝会談以来、手出しするようになっている。そんなとき、日本が黙って指をくわえて見ている必要はない。日本は積極的に関与すべきだ。韓国と北朝鮮の手を結ばせて、日本と良好な関係を築く。そうすれば、アメリカと中国の覇権に対して抵抗できる。

石原　そうかな。南北統一した場合、アメリカが主導権を握って抑えることが一番いいと思うよ。

亀井　いや、トランプは日本を手中に収めて、お次は朝鮮半島も、となっている。そうさせてはダメだ。

石原　いやいや、日本はアメリカの手中にはないよ。

亀井　そんなことはない。皇室まで洗脳されたんだから。秋篠宮様も大嘗祭を公費でやるのはおかしいといったご発言をされた。マッカーサーの教育が行き届いている証拠じゃないか。今、日韓はアメリカのポチになっている。そのポチ同士がお互いに軽蔑し合ったり、批判し合ったりしているだけ。みっともないじゃないか。

石原　アメリカのポチになる選択をしたことを、将来の子孫が恨む時が来るかもしれない。その責任は我々にある。

亀井　でも、先祖がそういう選択をしたからといって「ポチのままでいい」と思ってはダメだ。飼い主に噛みつくくらいじゃないと。

石原　噛みつき方があるだろう。韓国のやり方は姑息だよ。一度決めた協約をひっくり返して、また賠償金をもらおうとする――〝卑しい〟としか言いようがない。文政権は長く持たないよ。

亀井　文政権の側近とも親しいからよく知っているけど、そう簡単には倒れないと思う。革命運動で出てきたから、組織が強固なんだ。前政権の朴槿恵大統領をロウソクデモで打倒したけど、七十万人を組織したそうだ。

石原　だいぶ、その数字は盛っているな。

亀井　組織した連中が「今日は一班、明日は二班……」と、デモの波状攻撃をした。そういう性格の政権だから、ある程度続くと見ている。

石原　韓国の保守派や軍隊が黙って北に呑み込まれることを「良し」としないよ。それにトランプだって文在寅を評価していないはずだ。

亀井　力ずくで文政権を排除するかどうかはわからない。ただ、トランプは米朝会談を三回もやった。つまり、朝鮮半島を無視してはいないんだ。

石原　アメリカは日本に原爆を落とした原罪意識を持ち続けている。だから、核弾頭付きのＩＣＢＭを西海岸の大都市に撃ち込まれることが何よりも恐ろしいことなんだ。もしそれをやられたら、真珠湾攻撃よりも何百倍もの屈辱を味わうことになる。

亀井　そうなったら世界大戦が始まる。日本列島も消えてしまうな。

石原　核の廃絶が進んでいるかといったら何も実行していない。経済制裁は続いているようだが。

亀井　あまり効果がないようだ。南北間で物資が自由に行き来しているし、開城の工業団地も再開しつつある。南北の一体化は、日本が考えている以上に進んでいるんだ。

石原　韓国は北の同胞を助けているから喜んでいるだろうが、最終的には手痛い結末を迎えると思うな。

亀井　それでもすぐ戦争、ということにはならないよ。

西郷隆盛の「征韓論」をどう評価するか

亀井　今、韓国の特使が会いたいと言ってきている。

石原　どうして?

亀井　文喜相国会議長の「天皇謝罪要求」発言やホワイト国優遇措置除外で日韓関係がこじれにこじれている。韓国側も何とか関係修復の道を模索しているんだ。その橋渡しとして私に期待しているところがあるようだ。

石原　韓国なりに、もがいているわけか。

亀井　文政権を支えているスタッフはさっきも言ったように、学生運動あがりばかり。つまり、革命政権なんだ。今、アメリカと北朝鮮が直接交渉に入ってしまい、文政権は蚊帳の外に置かれている。だから、韓国は日本じゃなく、アメリカに対して牙（きば）をむけばいい。「何もアメリカに守ってもらわなくてもいい。北朝鮮と仲良くやるから、帰ってくれ」と言えるくらいの度胸がないと。そうすれば、アメリカも少しは大事にしてくれる。おんぶにだっこで気持ちがいいという顔をしているから、韓国は独り立ちできない。

石原　アメリカに隠れて北に援助しているんだろう。支援金として約八百万ドルを投資するそうだ。これ以上のことをしたら、アメリカだって黙ってはいない。

亀井　下手したら軍事政権になる可能性もある。

石原　朝鮮半島と日本の関係は長い歴史があるけど、西郷隆盛の「征韓論」をどう評価するかだな。ＮＨＫの大河ドラマ『西郷どん』（二〇一八年）で西郷が再評価されたみたいだが、確かに偉い人物だった。

岩倉具視を全権大使として岩倉使節団が欧米諸国を二年間回ることになった。その一行に大久保利通や木戸孝允も参加したけど、日本では政府の要人がいなくなってしまった。その間、西郷がさまざまな政治改革を断行したんだ。

亀井 廃藩置県や徴兵令、警察制度の整備などだな。西郷は島津久光に嫌われて、徳之島や沖永良部島に流されたとき、島々で行政に関する実務を勉強した。それで行政官的な感覚を磨いたんじゃないか。

石原 徴兵令によって農民も兵隊になることができ、士農工商といった身分差別が撤廃された。日露戦争のとき、旅順港の閉塞作戦をやると決めた際、作戦に参加できない農民出の一人の機関兵がいた。その兵士が、広瀬武夫が指揮する「報国丸」に来て、「爆薬の扱いに慣れているから、どうしても行かせてほしい」と土下座し、泣いて頼んだ。広瀬は「これは一次で終わる作戦ではない。二次、三次とあるから待ちなさい」と諭して帰した。

その兵士が去った後、参謀の伊地知幸介は感動のあまり声をあげて泣いたそうだ。

伊地知という男は狷介（気難しい）な性格だったが、一兵卒の熱意にほだされたわけだ。こういう一兵卒のような人間を育てたのが西郷だった。

亀井　西郷は想像もつかないような大人物だよ。

石原　現在の政府で、末端の官僚というか公務員に、国家のためになげうつという自覚を促すような教育を、どれだけしているのか……。まあ、ないな。政治家に、国民が触発されることがなくなってしまった。

第2章

「ホワイト・ファースト」のトランプとケンカしろ！

帝国主義時代に戻った

石原　この前、伊豆七島へダイビングに行ったら、海水温度が異常に高くて驚いた。誰か、トランプのバカに忠告してやれないのか。

亀井　何を？

石原　トランプは世界の温暖化はデマだとほざいて、温暖化防止のパリ協定を無視して、脱退しただろう。豪奢（ごうしゃ）なトランプタワーでぬくぬくと生活していたら、世界の本当の姿なんてわかるはずがない。北極海の氷は温暖化によって激減して、氷の消滅によって、やがて大西洋ははるか北の海域で水路を開かれ、太平洋につながるそうじゃないか。

亀井　トランプだけの責任じゃない。「便利だ、便利だ」と文明を推し進めていったら、文明の反逆を受けるのは当たり前だ。自分たちがつくった文明で、自分たちが滅ぼされる。悲観的だけど、その段階に入ったと思う。早くあの世に逝（い）ったほうがいい。その方が賢明だ（笑）。

石原 亀ちゃんも逝けよ（笑）。

亀井 石原さんよりは後だ。

石原 現金だな（笑）。

亀井 世界全体を見ると、まるで帝国主義時代に戻ったような感じがする。「自国ファースト」で、エゴがぶつかり合っている。日本だってそうすればいい。この間、シンゾーに「貿易戦争が始まっているんだから、トランプとケンカしろ！ そして、それを国民の前ではっきり言え」と言ったんだよ。

石原 安倍君、なんて答えたの？

亀井 「今度、トランプと会談しますから、そのときにでも」と。うまく誤魔化された（笑）。

石原 だいたいトランプという人間は能天気で、利口だかバカだかわからない。そう言えば、トランプのところに二人で乗り込もうという話もあったよね。

亀井 向こうが逃げちゃったから、しょうがない（笑）。なぜ、最初に会うと言ってくれたかというと、トランプが当選できるとわかっていたのは、世界中で私一人だったから。だけど、トランプが勝つという流れが本当にできると、トランプ陣営も全米中を飛び回るようになった。そうなると、日本から来るワケのわからない政治家に会う時間はなくなったというわけ（笑）。

石原　いや、僕は行かなくて良かったよ（笑）。

亀井　シンゾーが「先生はなぜ、トランプが当選することがわかったんですか」と聞くから、「当たり前よ、クリントンに負けたサンダース陣営がトランプにつくに決まっていると思ったから」と。「なるほど」と、シンゾーは感心していた。妙な色メガネをつけずに見ればわかる。選挙というのは、「敵の敵は味方」といった足し算引き算の話なんだから。

アメリカが抱える核兵器のトラウマ

亀井　今、日本のまわりにいるトップを見てみろ。トランプや金正恩、習近平……みな、腹黒い狂気に満ちているじゃないか。

石原 トランプの狂気の源泉は、白人至上主義だろう。でも、それが崩れてきているんだ。初の黒人大リーガー、ジャッキー・ロビンソンはブルックリン・ドジャースに所属したけど、暗殺未遂劇まであった。ロビンソンを守るために、ボディーガードまでつけたほどだ。ところが、今の大リーグを見れば、みんな有色人種だ。白人選手はほとんどいない。一事が万事で、白人の絶対性がどんどん崩れてきている。トランプが本当に言いたいのは「アメリカ・ファースト」ではなく「ホワイト・ファースト」だ。

亀井 でも、それは間違っている。「有色人種ファースト」であるべきだ。知的能力や運動能力を比べても、有色人種のほうが高い。

石原 それは言えるな。

亀井 日本を抜きにして、アジアをトランプに取り仕切られるなんて、とんでもない話だ。二〇一八年の米朝首脳会談前、シンゾーはのこのことトランプに会いに行った。これじゃあ、まるでトランプの「ポチ」みたいじゃないか。いくらシンガポールに日本が参加できなかったからといって、しっぽを振って阿(おもね)るような真似をしたらダメだ。

石原　それはそうだ。

亀井　それとトランプが来日すると、いつも横田基地に降り立つだろう。これだっておかしいよ。アメリカの基地から日本に入るのは軍事占領していることと同じじゃないか。シンゾーにも直接そのことを話したら、ハッとした表情をしていたな。

石原　横田基地が、首都東京のど真ん中にあること自体、日本の恥だ。

亀井　ま、そうだ。

石原　北朝鮮の非核化なんて夢のまた夢で、どう考えても実現するはずがない。北朝鮮の軍事パレードでいつも披露している、全長四十メートルの大陸間弾道弾を一体どうするんだ。絶対に人前で壊すはずがないだろう。核弾頭だってスーツケースに入れられるくらいコンパクトにつくられているから、隠そうと思えばいつでも隠せる。

じゃあ、どうしてアメリカはここまで北朝鮮にこだわるのか。アメリカは人間の摂理に悖る大量殺戮兵器である原爆を、二回も日本に落とした。それに対する、一種のトラウマがあるんじゃないか。北朝鮮が核弾頭付きのＩＣＢＭを万が一にもアメリカに向けて撃ってくるかもしれない。そういうトラウマから抜けられないんだろう。

亀井 記者を集めて豊渓里の核施設を破壊したけど、あれはパフォーマンスに過ぎない。施設はあちらこちらにあるわけだから、ほとんど意味がない。小国が大国から身を守るためには、核兵器を持たざるを得ない。いい悪いではなく、それが現実なんだ。大量破壊兵器を放棄したリビアのカダフィ大佐は、結局、失脚して殺されてしまった。

石原 同感だ。北朝鮮が核を手放すなんてあり得ない。第一次大戦後、アメリカとイギリスが、日本の国力を削ごうと、ワシントン会議で主力艦の総排水量比率を「五・五・三」(米・英が五。日本が三)と規制した。そのため、日本は軍艦を破棄したり、新規製造をあきらめざるを得なくなった。とても屈辱的なことだった。それを考えれば、北朝鮮がＩＣＢＭを簡単に廃棄するだろうか。絶対に無理だろうな。

亀井 その通り。小国が大国に対抗するには、核と大陸間弾道ミサイルが必要なんだ。だから、北朝鮮はアメリカと対等な関係でいられる。

石原 核を持っているから、アメリカは北朝鮮が目障りでしょうがない。

亀井 じゃあ、アメリカにとって日本の存在はどうなのか。極東を守るためのポチに過ぎない――これがアメリカの本音だろう。地政学的に必要な、アメリカのための軍事拠点の一つとしての価値しかない。
でも今の時代、日本の米軍基地は一つもいらない。基地があるから攻撃対象にされるんだから。米軍をグアムまで引かせればいい。安保条約を破棄できないなら、少なくとも日米地位協定は改定するべきだ。

石原 いささか暴論だよ。そうなると、中国の侵略を許すことになるだろう。

亀井 そもそも中国と戦争したら、今のままでは国力の差で負けるに決まっている。アメリカだって日本を守らないよ。日本はミサイル防衛を強化すべきだ。

石原 確かに日本人はアメリカを信頼しすぎている。

亀井 北朝鮮の核施設をすべて破壊したら、金体制はすぐに崩壊する。アメリカによって武装解除されて丸裸にされた金正恩を、北朝鮮の国民が許しておくはずがない。軍事クーデターが起こるだろう。

石原 暗殺された金正男と同じ末路をたどるな。

亀井 だから、核の放棄は決してできないし、やろうとも思っていない。あくまでも口先だけの「非核化」だ。トランプだってバカじゃないから、北朝鮮の腹積もりはよくわかっている。

ただ、口先だけでもいいから「非核化」を約束してくれたら、次の大統領選挙を有利に戦える。ある程度の評価を世界からもらうこともできる。ノーベル平和賞だって可能性が出てくる。トランプはそれを狙っているんじゃないだろうか。アメリカのメディアだって、北朝鮮の完全な非核化が可能だとはまったく思っていない。日本のメディアだけが米朝首脳会談を誇張気味に評価している。お互いの目先の利害が一致しているから、平和に向けた非核化の動きを考えているフリをしているだけに過ぎないんだ。

敵国とみなしたらアメリカは何でもやる

石原 ただね、アメリカが核兵器を使って、一瞬にして壊滅させることを世界中から許容されている国は北朝鮮だけだ。レーガン時代、アメリカはカダフィの居住区を十五カ所くらいに仕切って、戦略的に爆撃することを決定した。そのとき、フランスとスペインは爆撃に反対した。だから、爆撃機はフランス上空を飛べなかった。
そこでイギリスの基地からイギリスの部隊が飛び立ち、大西洋からジブラルタル海峡を渡って、カダフィの居住地を爆撃した。そこには、カダフィが一番熱愛していた第三夫人と、子供三人が住んでいた場所だったんだ。これによってカダフィは無気力になって、リーダーシップを失い、失脚の憂き目を見る。こんなふうに、アメリカは相手国を敵国だと見なしたら、実にえげつない作戦を実行するんだよ。

亀井 確かにそうだ。

石原 ビンラーディン暗殺では、アメリカは十年がかりで実行している。そのいきさつは『ゼロ・ダーク・サーティー』(二〇一二年/キャスリン・ビグロー監督)という映画にもなったけど、実に巧緻な作戦を練って実行している。それは見事なものだ。

亀井 「斬首作戦」を描いた作品だな。

石原 僕はたまたま九・一一のとき、横田のアメリカ軍の基地を日本に取り戻す交渉のために、ワシントンのペンタゴン近くのホテルに泊まっていた。朝、秘書が「ニューヨークで大変なことが起こっていますよ」と血相を変えて起こすものだから、何が起こったんだと思ってテレビをつけた。そしたら、世界貿易センタービルに飛行機が突っ込んでいるじゃないか。しばらく見ていたら、二機目がもう一つのビルに突っ込んでいった。

「これは大変なことになったぞ」と思って、窓を開けてみたら、昨日、交渉のために訪問していたペンタゴンが目の前で燃えているじゃないか。飛行機の残骸がまったく見つからなかったから、一体何が原因で燃えていたのかはわからないままだ。

九・一一の報復のために、アメリカは十年かけてビンラーディンを追い詰めていって、最後にはパキスタンの軍事基地近くに潜伏していたところを殺(や)ってしまう。

亀井 アメリカは執念深いよ。「イスラム国」の指導者アブバクル・バグダディも潜伏先を米軍特殊部隊に襲撃され、自爆して死んだ。

石原 金正恩が一番恐れているのは「斬首作戦」だろう。そもそもアメリカの核攻撃を受けたとき、防衛する能力は北にないと思う。

亀井 アメリカの攻撃力に、どの国も対抗できないけど、一瞬にして北朝鮮の軍事拠点をすべて殲滅するのはまず不可能だ。向こうからの反撃ミサイルの数発は、日本か韓国に落ちる。アメリカは日本がどうなろうとあまり気にしないだろうから、シンゾーはアメリカの北への軍事力行使に対して、羽交い絞め(はがじ)にしてでも止めなきゃならん。

大江健三郎がいたら、気が狂うんじゃないか

石原 トランプが「日米安保見直し」とか言い出しているな。

亀井 「アメリカが攻撃されても日本はソニーのテレビで見るだけだ」と、片務的な関係がおかしいと言う。

石原 これを機に、日本はアメリカのポチから脱するべきじゃないか。憲法九条を改正し、自前の軍隊を配備する。

亀井 今の自衛隊の実力であれば、十分可能だよ。

石原 それと常々言っていることだけど、日本はそろそろ核開発し、保有すべきなんだ。ところが、自民党の政治家は誰一人、言及しない。こんな発想力がなくてどうする。本当に情けない。

亀井 ただ、保有したとして、どれだけ日本の安保に資するか、疑問はある。日本が核を持ったところで、北朝鮮が核を廃棄するとは思えない。

石原 いや、抑止力にはなるよ。核で報復されるとわかれば、牽制することが十分できる。だいたい、アメリカは北朝鮮の核保有を認めようとしているじゃないか。でも、日本の核の保有は認めないとするならおかしいだろう。

亀井 核でなくても、ミサイル配備だけで十分な攻撃力を有している。北朝鮮の基地も殲滅することが可能だ。人類が破滅の危機に陥る可能性がある核の撃ち合いは賛成しない。

石原 撃ち合いじゃない。抑止力だよ――昔、フランスの哲学者で、ジャーナリストでもあるレイモン・アロンと対談したことがある。ド・ゴール政権のブレーンでもあった。フランス人には珍しく英語を話すことができて、若泉敬も対談に加わった。若泉は非核三原則を無視し、沖縄返還に尽力、『他策ナカリシヲ信ゼムト欲ス』（文藝春秋）という本を著わしている。

レイモン・アロンから「なぜ、日本は核を持たないんだ。核を持つ資格が一番あるのは日本だ。何を考えているんだ」と言われ、返す言葉もなかった。若泉は純朴な人で、興奮すると鼻血を出すクセがあった。対談中もレイモン・アロンの話に刺激を受けたのか、鼻血を出していたな。

亀井 若泉さんは直情径行なところがあったから、さもありなんだ。

石原 面白いことに、若泉はその後、生まれた子供に「核」という名前をつけたよ。

亀井 まあ、核保有に関して日本国民は大反対するだろうな。

石原 黙ってつくればいいんだ。

亀井 石原さんが防衛大臣だったらできるかもしれないけど、今の政治家でそんな度胸のある人間はいない。

石原 内緒でつくったのがバレて、それで暗殺されてもいいよ（笑）。評論家の村松剛と一緒に、沖縄・嘉手納基地にある核弾頭を見に行ったことがある。ジェームス・ランパート琉球列島高等弁務官（当時）と交渉して、うまく入り込むことができたんだ。入るとき、時計やアクセサリーなど貴金属類はすべて外され、二人の白人将校が僕と村松の脇にピッタリとくっついて誘導した。三重の有刺鉄線で囲まれている中に入ったら、その一番奥のゾーンに獰猛(どうもう)なジャーマン・シェパードが放し飼いにされていた。そこを抜けて、ついに核のある倉庫に入ったけど、村松は冗談めかして「ここにもし大江健三郎がいたら、気が狂うんじゃないかな」と(笑)。「非核三原則」なんて有名無実化していたんだよ。

亀井 核保有の道はなかなか険しい。アメリカも絶対に許さないよ。ポチが核を持ったら、飼い犬が手を噛みかねないからな。

石原 ポチからジャーマン・シェパードになればいい(笑)。

亀井 広島と長崎で使用されたあと、核はずっと使われないままだ。米ソ冷戦時代でも、キューバ危機の時も結局、使用されなかった。アメリカだって朝鮮戦争やベトナム戦争などで核を使ったら、ソ連が報復する可能性があった。だから、アメリカはその危険性を回避し続けたわけだ。

石原 にらみ合いこそ平和の本質だ。でも、核がなければ、そのにらみ合いすらできない。

佐藤栄作は「非核三原則」を謳いながら、その一方で、ジョンソン大統領時代に、日本も核を保有したいからノウハウを渡してくれと言って断わられている。ドイツにも一緒に核を配備しようと交渉を持ちかけていたんだ。ただ、ドイツは東西分裂していたし、プラハの春（一九六八年）でロシアが不穏な動きを見せていたから、沙汰止みになってしまった。実際に日本への核持ち込みも許している。佐藤さんの二枚舌はすごいじゃないか。

沖縄返還交渉のとき、アメリカ本国での交渉が必要になった。みんな行きたがったが、佐藤さんは僕と竹下登にだけ許可を与えてくれた。一緒に行くと目立つから別行動しろと言われ、僕はソ連、竹下はメキシコ経由でアメリカに入った。若泉は「石原さん、アメリカの戦略基地を絶対に見てきてください」とアドバイスしてくれた。それで、オマハの米戦略空軍基地と、コロラド州コロラドスプリングスにある北アメリカ航空宇宙防衛司令部（ＮＯＲＡＤ）の本部を訪問した。驚いたね、アメリカの核の傘は日本にまったく及んでいないことがわかった。

米軍司令官にその話をしたら「当たり前じゃないか。防衛の対象はアメリカ本土とトロントを含むカナダの一部だけだ。ＩＣＢＭが飛んできたら、ハワイの手前で撃ち落とすつもりだ。でも、日本は遠すぎる。日本の安全保障が心配なら、核を持てばいいじゃないか」と。その通りだと思ったな。

亀井 アメリカの考え方はそうかもしれない。だから、日本は通常ミサイルをハリネズミのように配備して、防衛力を高めればいい。

石原 小惑星探査機「はやぶさ」を見てみろ。あの技術はすごいものだ。この技術を大陸間弾道ミサイル開発に転用できないものか。日本の技術力があれば、簡単に製造できる。

亀井 確かに核はいつでも持てる。でも、持たないところに日本の価値がある。

広島の田舎の小学生のとき、校庭で遊んでいたら、空がピカッと光り輝いた。それから地響きがして、山の向こうからニョキニョキと、きのこ雲が上がった。この世の終わりかと思ったね。その後、直接被爆した人たちが、どんどんやって来た。四年後、広島市の学校に通うことになったけど、川で泳ぐと、人間の骨がたくさん浮かんでいた。建物には放射能の力で人間の影も映っている。原爆の力によって、広島の街は一変してしまったんだ。

石原　世界唯一の被爆国である日本からすると、核に対するアレルギーがあるのはわからないでもない。それだけの破壊力を持っているのも確かだ。核開発に従事した科学者の一人、ロバート・オッペンハイマーは、戦後、来日したとき、涙を流して「気の毒な広島の人たち」というコメントを発表した。ただ、アメリカは神の意思に背き、人類で初めて大量破壊兵器である原爆を使用したことについての原罪意識がある。アメリカは自国に核を撃ち込まれることを本当に恐れている。それで、北朝鮮の核が目障りだから、ビクビクしているんだよ。

第一、金正恩は何をしでかすかわからない男だろう。保身のために兄の金正男と叔父の張成沢を殺している。こんな異常で予測不能な性格を持った人間が一国を支配する指導者なんだから、アメリカだってのさばらせるわけにはいかないじゃないか。

亀井　トランプはそんな異常人間と板門店の非武装中立地帯で握手して、ニコニコしている。自由社会のリーダーとしてはふざけた行為だ。

日本のお陰で「西洋列強」から独立できた

亀井 しかもトランプは北朝鮮に対して、日本に金を出させると言っている。やっぱりトランプは日本をポチだと思っているんだ。冗談じゃない。

石原 どうして、日本はトランプにそんなことまで言われて怒らないんだろうか？ アメリカのポチは嫌だな。アメリカで一番嫌われた政治家は僕だった。盛田昭夫さんとの共著、『「NO」と言える日本』(光文社)は、アメリカでも五十万部売れた。変な意味で大人気で、侃侃諤諤(かんかんがくがく)、大いに批判もされた。本の中で「アメリカは人種偏見がたくさんある」と書いた。あるアメリカ人女性が僕のところにインタビューしに来た。「口が悪いから気をつけてください」と言われていた。

ホテルの大きな部屋を借りたんだけど、照明係が黒人でね。女性インタビュアーの後方に座って目をつぶっていた。女性が「あなたは、アメリカは人種偏見の国と言ったでしょう。なんの根拠で言うんですか」と聞いてきた。「根拠はいっぱいありますよ。

私は黒人、白人、東洋人を問わずたくさん友人がいるけど、アメリカに人種偏見はないのか、と聞いたら、みんな口を揃えて『ある』と言う」と答えたら、黒人が突然目を覚まして、僕に向かって親指を上げた（同意の意）んだ（笑）。

亀井　ＷＡＳＰは腹の中で「有色人種は人間じゃない」と思っている。教養によって無理やり人間であると思い込もうとしているだけだ。

石原　朝、起きたら、まず大リーグを見ている。テンポが速く、余計な解説もないから面白い。出てくる選手は、ほとんど黒人だ。

亀井　有色人種のほうが体力や精神力、運動神経など、能力はすべて白人より上だ。ある時期、白人に奴隷にされたものだから、妙な後遺症が残ってしまった。今から有色人種の世界をつくっていかないといけない。

石原　今、痛快なのが、ＥＵ離脱を巡るイギリスの凋落（ちょうらく）ぶりだな。大航海時代、冒険家のキャプテン・クックとスタンレーがアフリカと太平洋の島々をすべて植民地化した。どこへ行ってもイギリスの植民地が広がり、「太陽の沈まない国」とまで豪語した。

今のザマはどうか。本当に惨憺たるものだ。歴史において間違った行為をした国は、しっかり報復されるんだよ。歴史の原理があるかどうかわからないが、非道は通らない。

亀井 日本も似たところがある。白人たちが支配していたアジア諸国を日本は解放した。まさに〝聖戦〟だ。ところが、その後、各国が民族的に独立するのを日本が援助するべきだったのに、帝国主義のマネをした。

石原 そんなことはないよ。高碕達之助さんの紹介で、ナセル(エジプト)やスカルノ(インドネシア)の両大統領に会ったことがある。二人とも「我々が独立できたのは、日本のお陰です。日本が西洋列強と戦って頑張ってくれたから、我々も見習って独立戦争を戦い抜くことができた」と言っていた。

亀井 そういう見識があったのか。

石原 中世という暗くて長い時代が世界三大発明によって終わり、その後の世界史の原理は、白人による有色人種の支配だった。大航海技術で世界の海を股にかけるようになった。初めて大西洋を渡り、西インド諸島に初めての植民地をつくった。白人は原住民を狩猟のように鉄砲で殺しまくった。さすがに同行した宣教師が罪の意識を覚えて、ローマ教皇パウロ三世に「一体、我々は有色人種をどう扱ったらいいのでしょう？　彼らは獣でしょうか、人間でしょうか？」とお伺いを立てたんだ。パウロ三世は「彼らは獣である。しかし、キリスト教に改宗したならば、人間と認めてよい」と答えた。これは公文書として残っている。

亀井　まさに白人世界の驕りだ。

石原　さらに十六世紀半ば、スペインとポルトガルの宣教師が日本にやってくるんだけど、その中の一人ヴァリニャーノが日本の地図をヨーロッパに持ち帰った。時の教皇に「日本という新しい土地を、どういたしましょうか」と聞いたら、近畿地方あたりで線を引き、東はスペイン、西と南、四国・九州はポルトガルにやると言った。信長や秀吉が知ったら、怒って斬り殺しただろう。そういう思い上がり、僭越がずっと続いてきて、今でもある。二十世紀まで白人世界の支配が続いていたが、今や世界史の原理は完全にひっくり返った。その引き金を引いたのが日本だ。日本が唯一アジアで海軍を持っていて、その象徴である世界一の軍艦、大和をつくって戦争を始め、どんどん植民地開拓を始めた。これは白人にとって目障りだったと思うよ。これほど、彼らの歴史の原理からしたら許せない存在はいなかった。だから、経済封鎖され、日本はやむなく戦争に巻き込まれたんだ。

亀井 世界史的に見ても賞賛されるべきことだ。

石原 確かに日本人は隣国の朝鮮人を酷使したかもしれないが、白人による有色人種に対してしたような残酷な支配はしなかったと思うな。とにかく今の日本に足りないのは、自力で自国を守ろうとする気概だよ。

亀井 日本は寝ているんだ。国民はぬるま湯がいいと思っている。お手てをつないで仲良くがいいと。それはそれで構わないけど、国家の権威についてはまったく考えが及んでいない。日本の誇りを守りながら、外国と伍していかなければならない。それを失った民族は消えていく運命にある。

石原 〝狂気〟がなくなったんだな。

亀井 「コンチクショウ!」という気持ちがなくなってしまった。かつて「堺事件」というのがあった(一八六八年)。乱暴狼藉(ろうぜき)を働いたフランス人水兵十一名を土佐藩士が制裁、殺してしまった。

そこで、土佐藩士二十名に切腹を命じたんだが、彼らは自らの腸を取り出し、フランス人相手に大喝（だいかつ）した。そこで色をなしたフランス人は、十一名だけでいいとやめたんだ。それくらいの気合が、かつての日本人にはあった。

石原　今はないな。

亀井　いわゆる「右」と言われる頭山満（とうやまみつる）、内田良平、葦津珍彦（あしづうずひこ）らのような、日本人の魂の歴史をもっと勉強したほうがいい。彼らは朝鮮半島や中国を征服して、従えていこうという考えを持っていなかった。みんなで仲良くしていくという考え方だ。アメリカはもともと黒人を奴隷扱いして建国していったから、奴隷扱いには慣れていた。でも、日本はそうではない。よし、石原慎太郎も腹を切るべきだ（笑）。

石原　亀ちゃんは切らないのか。

亀井　介錯するよ（笑）。

石原　腹は切らないから、ピストルを貸してくれ。悪い奴を殺しに行くよ（笑）。

第3章

尖閣どころか池袋、北海道も危ない——日本の領土を守れ！

外交はポーカーゲームだ

石原　これからの日本の外交は正念場だよ。

亀井　今の外交はそれぞれの国がエゴを主張する時代。アメリカ、中国、韓国、北朝鮮、ロシアがエゴをむき出しにしている。そのときに日本がお互いに協調していきましょう、と言ったってバカみたいだ。こういうときも日本だってすさまじいエゴをぶつけるべき。その上でこそ、お互いの協調も生まれる。

石原　たとえると、ポーカーゲームのようなものだ。ポーカーは五枚という限られたカードで勝負をするわけだけど、日本は「米・韓・北・中・露」という五枚のカードをどのように手中に収めて、勝負に出るか。とても複雑で難しい組み合わせになる。スリーカードができればいいけど、日本はなかなか三枚揃えるのが難しい状況だ。特に南北朝鮮に関しては、文在寅というバカを処理しないと、どうしようもない。自分がバカなことをしている自覚もないからな。アメリカもまったく相手にしていない。

この前も、米韓会談でワシントンに文在寅が行ったけど、カミクズみたいな扱いだった。米中のケンカは最終的にどうなるだろう。両国の潰し合いになったら面白いが……。

亀井　ケンカしながら、両国とも覇権国家としての存在感を高めていくんじゃないか。

石原　中国にはアメリカに伍するほどの力はないだろう。

亀井　地政学的な面では有利だ。たとえば、アメリカがアジアを制圧しようとしても、太平洋を越えなければいけない。ところが、中国はアジアを制圧するのに地理的に恵まれている。

石原　確かにその通りだが、中国が推し進めている「一帯一路」政策にしても成功しないと思うよ。

戦後の日本の歴史を見てみると、自民党と社会党という二つの政党の対立が続いた。それに便乗して学生紛争があったり、反権力と親権力の相克も続いた。そんなふうに、僕は次の時代の新しい対立軸ができるんじゃないかと思っている。それは米国支配から脱して、中国の支配に甘んじるか、甘んじないか。その決断を迫られるだろう。

亀井　中国のポチか。

石原　中国人に対して、おどおどしながら従うことになる――そんな世界が近づいているんじゃないか。

亀井　意思決定方式として、全体主義には、民主主義は絶対に勝てない。そういう意味で、中国の政治システムのほうが優位に立つ。

石原　的確で大事な指摘だな。

亀井　アメリカも基本的に民主主義だから、中国、ロシア、北朝鮮のような独裁国家には、なかなか勝てない。独裁体制は長期的な視野に立つことができるからだ。

石原　本当にそう思うな。

亀井　日本は衆愚政治になっているから、みんなが不幸な状態だ。哲人政治で、優れたリーダーが引っぱってくれたほうが、民衆にとって利益があるだろう。

石原　そう言えば、自民党の幹事長、二階俊博は、習近平に取り入ろうとしているだろう。この前も、仲間を募って七百人を引き連れて中国訪問していた。何しに行ったのかわかったもんじゃない。

亀井　二階は大悪党じゃなく小悪党だ。韓国にも行ったけど、慰安婦問題について一言も触れず帰ってきた。実は、鳩山内閣の時、習近平が副主席時代、天皇陛下に拝謁ができるよう手配したのは私なんだ。当時、国民新党代表で金融担当大臣をやっていたけど、習近平は次の主席だから、お会いするのは当たり前だと思ったから。

石原　なんでそんなことをしたんだ。元首になるかどうかわからないのに。

亀井　習近平が副国家主席のとき、天皇陛下に拝謁をしないと国家主席になれないと猛烈なアピールがあった。当時の宮内庁長官、羽毛田信吾は手続き上難しいと頑として聞かなかった。それで外相の王毅が日本にいるとき、ゴルフをしたり、飲んだりしていたんだけど、彼が「亀井先生を頼るしかない」と言ってきた。

それですぐに羽毛田長官に電話をした。最初はけんもほろろだったけど、「おい、羽毛田。お前は役人だろう」「役人です」「役人はな、上からの命令を聞かないといけないだろう」「そうです」「じゃあ、今から官房長官がお前に命令を出すからやるか？」「仕方がありません」と。その当時は、平野博文官房長官だったけど、羽毛田長官に電話をさせて、習近平は天皇陛下に拝謁することができた。だから、習近平は私に借りがある（笑）。

石原　習近平は君に恩義を本当に感じているのかね。

亀井　まさか、感じているわけないよ（笑）。

石原　うーん、なんだか眉唾の話だよな（笑）。習近平は自分のハクをつけるために挨拶したかったんだろう。

亀井　それだけ天皇には価値があるんだよ。

民族の「血」を重んじろ

亀井　ともあれ、今の日本人は腰が抜けていて、アメリカの庇護の下でいるのが、一番気楽でいいと思っているからな。でも、そんな甘い考えでいるうちに、庇護者が突然食いついてくるものだ。現にアメリカから農産品や自動車の貿易条件の見直しが提案されているじゃないか。

兵器もそうだ。この前、自衛隊機Ｆ35Ａが青森県沖の太平洋上に墜落した。アメリカ製の最新鋭のステルス戦闘機だ。軍需産業もアメリカ頼り。せめて軍事関係は自国で製造するべきだよ。

石原　まったくその通りだ。

亀井　すでに属国化されているようなものだ。

石原　戦前は壊れた軍艦や飛行機を修理する海軍工廠や陸軍工廠があって、日本国内で賄っていた。今の時代こそ「工廠」を復活させるべきじゃないか。自前の戦闘機を製造できる力が、日本にはある。

　ＪＡＸＡの小惑星探査機「はやぶさ２」が、小惑星に金属弾を打ち込むことに成功したけど、画期的なことだった。大気圏以外は超音速で飛んでいるそうじゃないか。「はやぶさ２」の技術は世界にとっても垂涎ものだ。小説家の妄想かもしれないけど、大気圏外で遊弋させながら、場合によっては他国を攻撃できる宇宙兵器を製造できるだろう。

亀井　大事な技術だよ。

石原　これからの国際情勢の中で、日本が強いられる重要な選択は核の保有だ。これは政治家ではなく、日本国民が決めることだし、その気持ちになれるかどうかだ。外圧によって、日本の立場が惨めになるようだったら、目覚めるんじゃないか。現実的に、中国人が北海道の土地をどんどん買い占めている。

亀井　水利権や採掘されていないレアメタルを狙っているともいわれている。

石原　しかも日本は中国の土地を一つも買えない。こんな不公平なことはない。

亀井　日本は中国の土地を買うことができないだろう。だったら、中国も日本の土地が買えないという取り決めにすればいい。でも、日本がモタモタと手を拱（こまね）いている間、中国人はどんどん日本の土地を買い占めている。東京の多くの不動産も中国人が買い占めている。都内や観光地の一流ホテルに行けば、中国人ばかりだよ。人口が十倍違う中国人の永住権をどんどん認めたら、間違いなく日本人は山の奥に隠れて生活するハメになるぞ。

石原　日本が日本でなくなるな。

亀井　永住権取得を試験で選ぶようではいかん。民族の「血」が大事だ。

石原　移民を入れるにしても、中国以外の国からにすべきだ。そのほうが安心だよ。

ベトナム人やフィリピン人を入れればいい。彼らと同化するのに一番いい方法が「お祭り」だ。同じハッピを着て御輿（みこし）を担（かつ）いだり、屋台で遊んだりと、いろいろ趣向を凝らしているから楽しい。そのうちに一体感ができる。

亀井　いいと思うな。日本の神道は八百万（やおよろず）の神だから、宗教的な規範が厳しくない。東南アジアの連中でもお祭りだってなんだって参加しやすい。ところが、仏教やキリスト教の行事になると、ハードルが高くなる。

石原　本当にそう思う。日本の神道は土俗的なもので、川や岩、樹木など、すべてを神にしてしまう。東南アジアの人間でも馴染みやすい。ねぶた祭では、グループの中に勝手に飛び込んでくるヤツがたまにいる。そういう人間を「カラス族」と言うんだけど、日本の祭りはそういう人間をどんどん受け入れるんだ。

亀井　産経新聞の佐々木類氏の言によると、在日中国人は自治会などに非協力的で、お祭りの景品だけは喜び勇んでもらっていくとか。

石原　中国人らしいな（笑）。

中国人のエリアができた「池袋現象」

石原　中国は世界各地に一帯一路を利用して人員を送り込んでいる。外国で定住し、就業している中国人の多くはパスポートを持っていないそうだ。現地の人間と結婚し、子供をつくって、人口を増やす。そうやって世界を支配していくんだ。

この前、テレビで「池袋現象」を取り上げていた。池袋の一角に中国人のエリアができているそうだ。大きなマンションに中国人が入り始めたら、日本人全員が出て行ってしまった。なぜか。日本人は落ち葉があれば、軒先を掃いて綺麗にする。でも、中国人はそんなことを絶対にしない。平気で戸口に物を捨てる。廊下に物が散らかってしまって、それで日本人が嫌になってしまうんだ。

亀井　日本人は綺麗好きだからな。

石原　界隈のスーパーで売られている食品は中国製のものばかり。さらに新聞も五万部発行されている。略式の漢字で書かれているから、日本人でも何となく意味を読み取ることができる。特に面白いのが広告欄。「探偵募集」と書いてある。何かといったら、日本語を学んでいる学生たちに向けたアルバイト募集のこと。留守中に入る泥棒のための見張り役なんだ。一晩で二万～三万円もらえるそうだ。

亀井　結構な金額じゃないか。

石原　警察から聞いた話だけど、日本のチンピラヤクザ二人が夜中十二時、池袋を歩いていたら、中国人のチンピラ三人に囲まれて、刃物を突き付けられた。それで財布を取られたそうだ。「池袋はヤバい、夜中歩くのは危険だ」と、ヤクザが嘆いた（笑）。

亀井　日本は治安維持能力が高いと言われるが、こと日本人に対してだけと言える。日本にいる外国人に対しては治安維持能力がない。

石原　どうして？

亀井　第一に言語の壁がある。警察官が英語・中国語をしゃべれないから取り調べができない。

石原　それはしょうがないな（苦笑）。

亀井　このままじゃ日本が日本ではなくなってしまう。十四億もいる中国人が日本に来たら、あっという間に征服されてしまう。

石原　労働力の足りなさを補うため、移民を入れることになるかもしれない。でも、その多くは中国人の農民だぞ。彼らにとって日本は天国みたいなところだから、我先に大挙して押し寄せてくるよ。ベトナム人のように利口で節度ある民族だったらいいけど、同じ儒教を学んでいても、中国人の品性や節度は、日本人とまったく違う。

亀井　中国資本は日本のマスコミにも侵食しつつあるかもしれない。社員などで採用しているようだが。しかも「日中記者交換協定」(※1)という中国にとって一方的に有利な報道協定を結んでいるため、記者の取材活動や執筆活動が大幅に制限されている現状があるようだ。

石原　アナウンサーやタレントの中には、日本語を話せる中国人が多いな。

亀井　いやあ、中国の侵略は本当に恐ろしいよ。

石原　中国はかつて文化・技術の発祥地であったけど、今や、それほど独創的な発明をしていないだろう。知的財産権を盗んで活用するエネルギーはある。でも、それ以上のオリジナルな能力があるようには到底思えない。

亀井　あまり聞かないな。

石原　敗戦直後の話だけど、中国はブルドーザーをイタリアから購入した。イタリアのブルドーザーはとても優秀で、中国人は高く評価した。そこでイタリアのメーカーが再び中国に売り込みに行ったら、同じようなブルドーザーがすでに二百台もつくられていたそうだ。

亀井　コピーしたわけか。

石原　そういう能力は高いようだが、オリジナリティに欠ける。基礎研究が弱いんだよ。二十一世紀に入って、日本人による物理学、化学、生理学・医学部門でのノーベル賞受賞者が十六人と格段に増えている。ところが、中国人は物理学賞や化学賞などの受賞者は二十一世紀で一人しかいない。ましてや、韓国は平和賞一人と惨憺（さんたん）たるものだ。

※１　一九六八年、日本の新聞は中国側が条件とした「政治三原則」を守らなければ中国に記者を常駐できないと取り決めが交わされた。その三原則とは①「中国を敵視

しない」②「二つの中国をつくる陰謀に加わらない」③「日中国交正常化を妨げない」というもの。

プーチンいわく「中国人は〝ハエ〟」

石原　香港デモはどうなるか。中国政府は力の弾圧を始めるんじゃないか。独裁者習近平体制なんて、そう長く持たないだろう。暗殺される可能性だってある。

亀井　側近の誰かによってだろうな。それと人民解放軍がどう動くか。大衆の力を結集して政府を打倒するというのは、なかなか難しい。

石原　習近平が失脚する一番の原因は、共産党内の政治闘争じゃないか。

亀井　うん、「日中友好だ」と言っているけど、中国政府はロクでもない。私は必ずしもアメリカ流の民主主義を支持するわけじゃないが、それでも中国はいまだに古代王朝国家のようなところだ。一部の支配者だけが国を動かしている。

石原　歴史的に見ても、一つの国としてまとまったことが少ない。

亀井　中国という国家を持続させるには、力の行使しかないだろう。怖いのは、独裁者が必ずやることの一つとして国内統制を強めるために、外に仮想敵国をつくって戦争を仕掛けることだ。

石原　台湾や尖閣諸島だって危ない。

亀井　実際、今や〝日本海海戦〟が起こっていると言える。中国・ロシア・韓国・北朝鮮・アメリカ、そして日本が日本海上で覇権争いをしている。北朝鮮の漁船が水産庁の取締船と衝突したのは、その証左の一つだ。

石原　衝突した（二〇一九年十月七日）のは日本海の大和堆（やまとたい）という場所だ。地形的にとても珍しいところで、最も浅い部分で水深二百三十六メートル、日本海有数の好漁場だ。

　北朝鮮は領海の漁業権を中国に売ったんだろう。国民に対して、どうやって言い逃れしているのかわからない。

亀井　北朝鮮は事実上中国とロシアの属国に過ぎない。一方で、日本と韓国は、アメリカのポチ。そういう意味で、日本海でつばぜり合いが起こるのは当然と言える。

日本にとってロシアは敵だ！　日ソ中立条約を一方的に破って満蒙に攻め込み、北方領土を奪った。こんな国と平和条約を結ぼうとするなんて信じられない。

石原　日清戦争に辛うじて日本が勝利を収めた後、三国干渉（フランス・ドイツ・ロシア）によって遼東半島を日本の領土とさせず、堅牢で大規模な旅順要塞を築いた。日露戦争のとき、乃木大将は二百三高地を攻め落とすのに苦労した。

ロシアはいつだって狡猾だよ。クリミア半島侵攻についても、いろいろ言われているが、あそこには黒海に面したセヴァストポリがある。ロシアの海軍にとっては、横須賀のような基地だ。クリミア半島を編入するのは成り行きからすれば当然。地政学的なことを考えずに非難してもしょうがない。

亀井　ロシアを信用した外交なんて全然できない。プーチンとの北方領土返還交渉だって、遅々として進んではいないじゃないか。

石原　プーチンで思い出すのは、二〇〇九年五月全国知事会でのことだ。来日中のプーチンが珍しく来賓として臨席した。そこで二人だけ発言が許されたけど、一人が北海道知事の高橋はるみ。

亀井　北方領土がらみか。

石原　その話は、プーチンもせせら笑って、やり過ごしていた。もう一人が僕だった。そのとき、「日本と中国はアメリカの国債を買わされすぎて、もてあましている。アメリカの国債は利回りが高く五％保証されているから、この国債を担保にして、日中と協力してシベリア開発しませんか」と話した。

プーチンはものすごく喜んだようで、側近のモスクワ市長ルシコフが僕のところにやってきた。「ぜひ、やりたい。ただ一つ条件がある。中国と組むのは嫌だ」とプーチンが言っているという。「なぜ、そんなに中国人が嫌なんだ？」と聞いたら、「あいつらは〝ハエ〟だ。一匹でも入れたら、どんどん増えていく」。

亀井　言い得て妙だ（笑）。

石原　ロシア人は中国人が大嫌いなんだよ。長年、中ソ間で国境紛争をしていたけど、一九六九年、ダマンスキー島（珍宝島）で中ソの大規模な軍事衝突が起こった。ダマンスキー島には大きな砂州がある。中国軍が大軍でそこを制圧し、旗を立てた。ソ連も反抗して大軍を投入し、中国軍を追い払った。

その後、わざとそこをガラ空きにした。そこに中国軍が侵入し、兵舎を建て始めた。それをソ連軍は黙ってやらせていた。ある霧の深い夜、まわりをびっしり戦車で固め、一斉砲撃で中国軍全員を殺した。死体も戦車で踏みつぶした。その光景をＣＩＡが撮影していて記録していたんだ。

亀井　そうか。

石原　以前、亡くなった堺屋太一が面白いことを言っていたが、北方領土にロシア人を住まわせてやればいいと。その代わりに日本の国籍をやるぞ——そしたら、喜んでロシアの国籍を捨てる。それで日本のものにしたらいいというが、これはなかなか名案だ。実際にプーチンの言葉通り、シベリアでも中国人が増えているそうじゃないか。

亀井　知的財産や科学技術においても、中国のレベルがどんどん上がっていったら、日本が呑み込まれる可能性は高くなる。

石原　中国は全部盗んでいるだけだ。

亀井　移民法を改正して、外国人をどんどん日本に受け入れようとしているが冗談じゃない。在留許可をもっと厳重にして、永住権を簡単に出さないようにするべきだ。

ロシアはロシアで信用ならない。日本が戦争で負けたとわかった途端、北方領土をどさくさに紛れて侵略し、居座って「固有の領土だ」とふんぞり返っている。確かに返してもらうべきだが、今はロシア人しか住んでいない。日本人が生活できるかといったら、簡単な話じゃない。

石原　だから、定住しているロシア人に日本国籍を与えればいい。

亀井　ロシアの若い連中は、三割近くが海外に出たがっているそうだから、すんなり受け入れるかもしれない。

石原　ロシアのＧＤＰは韓国並みだ。

亀井　広いけど、国力は大したことない。その面では、中国のほうが潜在的な力も含めて将来的な脅威になるのは間違いない。

アメリカから完全独立し、ロシアにほえ面かかしてやりたい

石原　日本にとって一番メリットのあるプロジェクトはシベリア開発だよ。日本と中

国はアメリカの国債を買わされて、持っているけど、利回りが高い。だからさっきも言ったように、アメリカの国債を担保にして資金をつくって、シベリア開発をすればいい。

亀井　日露共同で北方領土を経済開発すればいいと言うバカがいるけど、そんなことはできるわけがない。経済開発するにしても、どの国の法律でやるかという問題がある。ロシアの法律をもとに日本が経済協力できるはずがない。

石原　確かにそんな取り決めで投資をしたら、全部ロシアの利益にされるだけだ。

亀井　北方領土問題に関しても、いろいろ取り沙汰されている。歯舞(はぼまい)と色丹(しこたん)の二島は継続して交渉するとシンゾーが言ったけど、それは正しいと思う。ロシアとの共同開発案も出てるけど。

石原　いいとこ取りをされるだけで、ルノーにからめ取られた日産の二の舞になるだけだ。択捉(えとろふ)島はいい島だよ。鬱蒼(うっそう)とした森林があって、温泉がそこら中に湧いている。面積も沖縄本島より大きいからな。

亀井　世界の歴史の中で、戦争で失った領土を戦争以外の平和的交渉で取り返した例はほとんどない。

石原　伊豆諸島、トカラ列島、奄美群島、小笠原諸島、沖縄県がそうだよ。これだけの返還を実現させた佐藤栄作は大した総理大臣だ。ノーベル平和賞を佐藤さんが受賞したとき、「悪い冗談だ」とまわりはトンチンカンな批判をしていたけど、とんでもない。

南鳥島だって戦略的に見て、とても重要な場所だ。東京都下の島だから、都知事時代、行ったことがある。素晴らしいミサイル発射基地になる可能性を秘めている。少し面積が狭いから、機材を運ぶための港をつくっているけど。

亀井　今の日本は沖縄県民を見習わないといけない。アメリカからの完全独立だ。アメリカ軍基地も冷戦時代が終わったのだから、「グアムまで引きあげろ。あとは自主防衛で対応するから」と主張しないと。

石原　ミサイル時代だから、沖縄にある基地の存在意義はだんだん小さくなっていると思う。基地をなくしても、アメリカの戦略的機能は維持できるんだから。沖縄を見ていると悲痛だよ。基地の柵の中に先祖の墓があるから、柵の外で墓に手を合わせながら、お供えをしているおじいさん、おばあさんの姿を見たことがある。

亀井 横田基地だってそうだ。運輸大臣のとき、随分とアメリカと交渉を重ねたけど、頑として受け入れてもらえなかった。

石原 これも都知事時代だけど、アメリカにいかに日本の航空管制が牛耳られているか、一目でわかる模型をつくったことがある。一九八五年、日本航空機が御巣鷹山に墜落して五百二十人が死亡する大惨事になった。アメリカは、どこに落ちたか正確に把握していた。ところが、日本政府には一切教えなかった。早く教えてくれていたら、まだ生存者がいたから、もっと多くの人間を助けられたかもしれない。

亀井 どうしてアメリカは教えなかったんだろうか。

石原 日本の制空権をどこまで握っているのか、知られたくなかったんだろう。

亀井 この問題はなかなか前に進まないんだな。

石原 さらにその前に一九五二年、日航のもく星号墜落事故というのがあった。伊豆大島の三原山にぶつかったんだけど、三十七人全員が死亡した。その中には活弁士・漫談家の大辻司郎や八幡製鐵社長の三鬼隆などがいた。アメリカの航空管制のミスによるものだった。

亀井　日本は独立国家として取り戻さなければいけないことがたくさんある。中途半端なんだ。

石原　その一つが管制空域だ。これを取り戻さないと。ロシアの上を通って日本海に出てきた飛行機は、日本列島を横断して羽田や成田に直接、着陸することができない。こんなバカなことはない。

亀井　確かにそうだ。

石原　ところが、国会の惨状はどうだ。維新の北方領土に関する丸山穂高（まるやまほだか）の失言ばかりを取り上げて、リンチみたいにつるし上げ、直ちに進退判断を促す「糾弾決議案」を採決する。確かに発言は褒められたものじゃないが、弱い者イジメみたいでおかしいよ。

亀井　言論の自由があるんだから、それで懲罰に掛けるのはな。

石原　丸山は東大出身で経済産業省の官僚だった。頭は良くてもバカな発言をする典型だな。確かに戦争で北方領土を奪われたことは確かだ。その悔しさもわかる。「戦争」

という言葉を使うなら「経済戦争で勝てばいい」と言えば良かったんだ。

亀井 いや、戦争で奪われた領土は、戦争で取り返すのが、人類の歴史の必然だ。

石原 確かにいつかロシアにほえ面をかかしてやりたいと思うが。

今すぐ尖閣諸島を実効支配せよ

亀井 自国の領土をいかに守っていくかは、古来、国家の先決問題だよ。国境問題については、安倍政権は厳しい態度で臨んでもらいたい。境界を巡って相手側が理不尽な行動をしてきたら、撃ち合うハメになったとしても追い払うべきだ。尖閣諸島も実効支配をしないとダメだ。灯台や港を整備しなくちゃいけない。石原さんの都知事時代、東京都は金が余って仕方がないと言うから、「じゃあ、石原さん、東京都で買ったらいいじゃないか」と提言したら、この方、早いから「よっしゃ!」と言って、早速寄付を募った(笑)。

石原 瞬間的に十九億円も集まった。三菱東京UFJ銀行を寄付の振込先の窓口にしたんだけど、たくさんの手紙が届いた。あの金は条例でしばって尖閣の開発以外には使えないことにしてあるが、いつの日か必ず役に立てたいものだ。

その中に「うちの家族は三人家族で、貧乏ですが、一万円ずつ寄付します。ついては、村には銀行がなく郵便局しか使えない。郵便局でも対応できるようにしてくれませんか」と。読んだとき、涙が出るほどうれしかった。日本人として日本の領土に対する愛着は決して失われていないんだ。

亀井　その上で、次は国に買わせればいいという算段だったんだけど、結局、最初から国が買ってしまった。

石原　石垣の市長と相談して、東京で買って、開発しようと思ったんだよ。

亀井　灯台をつくったりしてね。

石原　残念だったのは、野田佳彦のバカが、尖閣諸島の地主を買収して東京都で買えなくしたことだ。あの地主は税金も払っていない。もし東京都が尖閣諸島を保有していたら、「尖閣区」という二十四番目の区が誕生していたのにな。

亀井　うーん、じゃあ、二人で別荘を建てて、あそこに住みますか。

石原　それはいいかもな（笑）。ただ、尖閣諸島を守るとしたら、国にどういう交渉をしたらいいか、ちょっと困っただろう。

亀井　いつまでたっても実効支配をしないから、そのまわりを中国船がウロウロすることになった。こんなことをされていたら、国家の威信を守ることなんてできない。日本の国益を守ることが第一だ。竹島や尖閣諸島も、すぐ実効支配すべきだ。

石原　尖閣諸島を守る一番のいい方法は平和利用目的で、あそこを通過する万国の船の安全を期すために高台に灯台をつくることだ。中国とて、それを妨害するわけにはいかないだろう。世界中が認める行為だよ。中国が砲撃し灯台を破壊したら、中国に、国際社会の非難が殺到するだろう。

亀井　シンゾーにこのアイデアを話したら「ちゃんとやります」と言っていた。石原さんが都知事時代に予算をつくってくれたんだから、すぐに実行できるよ。具体的な行動によって国を守ることが必要だ。

石原　安倍君が何もしなかったら、二人してまた突いてやろう（笑）。

亀井　今でも中国の公船が、我が物顔で自分たちの領土のようにウロウロしているだろう。日本政府としては絶対に阻止しないといけない。竹島も同じだ。韓国は実効支配しているというが、これも海上保安庁が出ていって追い出せばいいんだ。

石原　ところが、それがなかなか難しい。甘エビの大漁場で、日本の漁船が少しでも入ると、すぐに撃たれてしまう。運輸大臣のとき、海上保安庁長官が「年に一回恒例の竹島に行ってきます。帰ってきたら、またご報告します」と言ってきた。「行ってどうするんだ？」と聞いたら、「いや、見てくるだけです。近くに行くと大砲の弾が飛んでくる。もっと近づくと至近弾が飛んでくる。そこで引き返してくるんです」と言う。

頭に来たから「僕も船に一緒に乗るよ」と言って、行く手はずになった。海上保安庁が困って、当時の小渕官房長官に相談、臨時閣議が開かれた。それで一緒に乗船することはダメだと決められてしまった。

亀井　撃沈されてもいいから、乗り込んでほしかったな（笑）。

石原　僕は構わないけど、まわりの乗組員に悪いだろう。

亀井　戦争したら戦死者が出るものだ。靖國神社には戦争に殉じた英霊が眠っているんだぞ。確かに平和が一番だけど、相手が理不尽なマネをしてきたら、こちらも力で対抗すべきだ。

石原　青嵐会（※2）のメンバーとして訪韓することがたびたびあったけど、朴正煕と酒を飲むこともあった。そのとき、朴が差し向かいで、「石原さん、竹島は厄介だよ。我々は、少しも欲しくはない。何の役にも立たない。岩しかないから、日本と協力してダイナマイトで爆破して吹っ飛ばそう」と。「ダイナマイトじゃ無理でしょう。原爆を打ち込むしかないね」と言ったら「原爆かあ、それは困るな」と朴正煕は頭を掻いていたな（笑）。実際に、あんな小さな島を巡って、韓国と領土問題で火花を散らしているわけだから。

亀井　手を拱いて韓国の領土然とさせておくことはない。

石原　政治家にしても、自ら竹島に乗り込むような骨のあるヤツはいないな。

亀井　日本人の牙が抜けてしまった。その原因は警察にある。ちょっとしたケンカでも、すぐに捕まえてしまう。悪いヤツを暴力で倒すんだったら、大目に見ないと（笑）。

石原　元警視正の発言とは思えない（苦笑）。

亀井　悪いヤツらは言葉で窘（たしな）めることなんかできるわけがない。「正義の暴力」というのはある。これが認められないと、社会が弛緩してくるんだ。

石原　本当にそうだ。

亀井　暴力がまったくない社会になると、悪知恵を持った連中がのさばるようになる。そういう社会は健全でも何でもない。「こんなことをしていたら命が取られる」と思わせるところがなければダメだ。今は右翼もダメ、ヤクザもダメ。警察が骨抜きにしすぎた。

石原　命がけの暴力は素晴らしい。野村秋介（右翼活動家）、山口二矢は、それを体現した男たちだったな。

亀井　彼らのような人種がいない。だから、いい人間も悪い人間も安心できる社会になってしまった。共産党がダメになったのも、暴力革命を否定するようになったからだ。権力は〝暴力装置〟を持っている。その権力をひっくり返そうとする側が、暴力を使わず手足を縛ったら、革命勢力ではなくなってしまう。だから、志位和夫は自縄自縛に陥ってしまっている。

石原　極左対策をしていた亀ちゃんが、そんなことを言うんだな（笑）。

亀井　歴史を見ると、そう言わざるを得ないんだ。日本の明治維新もそうだった。本質を無視して綺麗ごとばかり言っていても、社会は決していい方向に進まないと思う。

（※2）一九七三年、自由民主党の派閥横断的に結成された保守派の衆参両若手議員三十一名からなる政策集団。渡辺美智雄、中尾栄一らが参加した。

日本人の情念を守れ

亀井　とにかく中国は侮（あなど）れない。日本列島をすべて買い占めることができるほどの財力があるし、実際に北海道や東京の土地を相当購入している。地主は中国人という現実が目前に迫りつつある。

石原　早く法律をつくって規制すべきだ。

亀井　つくる気配もない。

石原　亀ちゃん、安倍君にアドバイスしてくれよ。

亀井　移民の流入を水際で阻止する対策を講じていない。熟練の技能を持つと認定された外国人だけに定住権を与えようとしているが、十分じゃない。強制送還だってまったくしていない。まさに亡国の道を歩んでいる。ここ十年が勝負じゃないか。

石原　鳩山由紀夫が「日本は日本人だけのものじゃない」とか言っていたけど、その神経がまったくもってわからない。九月三十日は僕の誕生日で、かつて家族一同で食事会をした。僕には孫が七人いるけど、彼らが成人して家庭を持った頃の日本を考えると、本当に怖くなる。どんな社会、国家になっているだろうか。日本人のアイデンティティが保たれていてほしいと心から願うよ。

亀井　そうだな。少子高齢化は日本の大問題だ。

石原　散歩しているとき、乳母車を押して歩いているお母さんを見るとうれしくてしょうがない。赤ん坊の顔を覗（のぞ）いて撫（な）でたりするけど、子供を二～三人連れている親に会うと、ありがたくなるよ。

亀井　日本は自信を失ってしまっている。戦争に一度負けただけで、自信を失うこたぁない。世界中の国々は、戦争に何度も負けているじゃないか。

石原 その通りだ。アメリカだって、移民が増えて有色人種の扱いに困っている。日本も移民を増やそうとしているが、そうなると、日本人独特の情念が希薄になっていくんじゃないか。その情念は比類のないもので、日本人の発想を支えていて、いろいろな発明にもつながっている。たとえば和歌や俳句という世界で一番短い歌をつくった。

亀井 そうだ。

石原 小林秀雄さんのある随筆を読んでとても感心した覚えがある。ある京都の社長が、庭園にゴザを敷いて、社員二十～三十人と一緒に月見の宴をした。そこには、仕事の関係で四人のスイス人も参加していた。時間がたって、目の前の山の端から満月が現われた瞬間、今まで騒がしかった日本人たちが突然シーンとなって、息を呑んで陶然(とうぜん)と月を見ている。その光景を見たスイス人が「どうしてなんだ?」と驚いたそうだ。

それと外国人にとって、虫の鳴き声はただの雑音だけど、日本人からすると「あれ松虫が　鳴いている　ちんちろ　ちんちろ　ちんちろりん……ああおもしろい　虫のこえ」という歌があるように、独特の音色を感性豊かに聞き取っている。移民が増えれば、そんな情念は希薄になっていくだろうな。

亀井　混血で人種改良されてよくなる面もある。だけど、安易な移民政策を取ってしまうと、日本人そのものが呑み込まれ、日本が日本でなくなっていく……そういう危険が迫ってくるだろう。

石原　ある限度を超えた数の移民が日本に定住するようになると、政治は移民に媚びるようになる。

亀井　民主党政権のとき、外国人参政権が問題になったことがあった。私は連立していたけど、頑として認めなかった。国政は無理だということで、一部の地方自治体はどうかと提案されたけど、それもダメだ！　地域によっては外国人が多数住んでいる市町村もある。そうなると、その地域の外国人に忖度（そんたく）した政治になってしまうから、反対をした。

石原　あの頃は、小沢一郎が随分と暗躍していたな。

第4章

サラリーマン政治家ばかりの政界に喝を！

実に真面目な男

石原　旧聞になるけど、亀ちゃんと、この前（二〇一八年五月二十九日）、二人で安倍君に会いに行ったな。

亀井　うん、二人でちょっと〝説教〟しにね（笑）。

石原　久しぶりに安倍君と話したよ。小林秀雄さんの言葉じゃないけど、新しい憲法をつくるのは、新しい歴史をつくることなんだ。だから、「歴史の流れを踏まえて、大きな視野で物を考えたほうがいい」と安倍君に伝えたら、ずいぶんと喜んでいた。それと、安倍君に「君ね、くだらないことで大見得を切りすぎたな」と言ったんだ。

亀井　森友学園騒動で「私や妻が関係していたということになれば、総理大臣も国会議員もやめる」と答弁しちゃった。

石原　「あそこまで大見得切ると、役人はみんな震え上がっちゃうよ」と言ってやったら、安倍君、「いやあ、そうなんですよ」と（笑）。

亀井　「モリ・カケ」くらいで、やめる、やめないなんて（笑）。それで、シンゾー、しばらく苦労したね。でも、シンゾーは実に真面目な男だ。

石原　真面目すぎるから、あんなことを言ってしまったんだ。だから、「文書書き換え問題」にしても、朝日が火をつけて国会で盛んに取り上げられてしまった。

亀井　文書書き換えなんて、役所でも、民間会社でも日常茶飯事だ。上にあげるとき、怒られないように書き換えるのは当たり前の話。

石原　安倍君が「これが本当だったら、私は総理大臣も国会議員もやめます」と言ったから、役人は恐れ多くて忖度(そんたく)せざるを得ないよ。役人なりに細々気を利かせたんだ。

亀井　日本の社会は忖度社会。部下は幹部の考え方を忖度しながら仕事をしている。

石原　役人は阿(おもね)らないと立っていけないから。

亀井　それで穏やかな社会になる（笑）。今だって石原さんに対して忖度しながら話している（笑）。

石原　ＢＳフジ『プライムニュース』に出演したとき、合間の雑談でわかったんだけど、自民党の党員は役職についている人間以外、完全に安倍君に対して背中を向けたようだな。人心が倦んでいるよ。この間、女房が入院していたから、見舞いに行ったんだけど、待合室で二十分くらい座っていたら、年配者全員が安倍内閣の悪口を言っていたな。

亀井　政権が長くなると、そうなる。日本人は飽きっぽいからね。ただ、今の政治を見ていると、凡人ばかりしかいない。石原さんのように毛色の変わった天才肌の政治家はいないよ。

石原　亀ちゃんみたいな孤高の政治家もいないじゃないか。

亀井　（苦笑）。シンゾーも一所懸命やっているけど、凡人がやっていることは自ずと限られる。トランプや習近平、プーチンは凡人じゃない。

石原　金正恩もそうだろう。あいつはヒトラー以来のことをしているよ。

亀井　とても切れ味がいい。中国に行って、手を握ったのではないかという雰囲気をつくり、アメリカに対して「やるなら受けて立つぞ。その代わり、中国が助けてくれるからな」という舞台装置を暗に整備することができた。

石原　まわりの国が手玉にとられているよな。

戦うことに意味がある

石原　総裁選（二〇一八年十一月）が終わったけど、結局、まともな対抗馬が見当たらなかったな。

亀井　出来レースで楽な総裁選になったら、世界に通用するような強い総理じゃない。人が良すぎるだけでは政治家は務まらない。たとえ、親しい友人だとしても、時と場合によって裏切ることができなければ天下を取れない。世界や日本の歴史がそれを証明している。

石原　そうか、僕は人を裏切ったことがないよ。

亀井　だから、天下を取れなかったんだ（笑）。石原さんにくっついて冷や飯を食わされるハメになった。一九八九年のことだ。私は石原さんを担いで総裁選に打って出た。ところが、二十人の推薦人がなかなか集まらなかった。新聞記者連中は、発表を今か今かと待ち構えている。集まらないから、夜中の十二時過ぎても発表のしようがない。

石原　結局、二十人集まったよ。

亀井　太田誠一が最後に参加した。私と平沼赳夫を冷やかしに来たところを摑まえてやったんだ（笑）。

石原　思いがけない人が助け舟を出してくれた。山中貞則さんが「足りないんだろう」と、僕の目の前で電話をして、あちこち声を掛けてくれたんだ。

亀井　ところが、その翌日、山中さんから電話がかかってきて、「亀井君、俺は降りる」と言ってきた。

石原　へえ、その話は知らないな。

亀井　「どうしてですか？」と聞いたら、石原さんがリクルート疑惑で記者に質問を受けたとき、「明日の朝、資料を整えて、みなさんに説明する」と答えている姿を見て、心配になったんだ。

石原　まったく関与ゼロだよ。

亀井　「いいですよ。あなたがいなくても大丈夫です」と山中さんに答えたものの、とても悩ましかった。とにかく二十名を集めたら、また、山中さんから電話がかかってきた。「どうしているんだ？」と言ってきて、「なんとかやっていますよ」「そうか、また参加してやるぞ」と（笑）。疑惑が晴れたから心変わりしたんだ。必死になって飛び回ってやったよ。

石原　当時の自民党を金丸信と小沢一郎が牛耳っていて、海部俊樹を擁立。海部は金丸と小沢の操り人形のようだった。それが我慢ならなかった。

亀井　小沢は我が強い人間で、結局、自分の利益になるように誘導する。自分ファーストだ。外に気配りができないと、政治はうまくいかない。でも、小沢はそれができない。

石原　あのときの総裁選は、海部俊樹が当選した。三木派で大学の先輩の政治家、近藤鉄雄が海部の腰ぎんちゃくだった。あるとき、その近藤が僕に電話をかけてきた。
「石原さんね、海部さんが就任した暁には、閣僚をお願いしますから、必ず五時まで事務所にいてください」
「そうかな、海部は何も言ってこないと思うぞ」

と答えて電話を切った。案の定、五時半になっても六時になっても電話がかかってこない。痺れを切らして海部の事務所に電話したら、海部はいなくて「今、党本部に呼ばれています」と(笑)。「わかった、わかった」と僕はさっさと事務所を後にしたよ。海部は操り人形のようなもので、惨めな総理大臣だったな。

亀井　「パペット」と言われていたものな。でも、石原さんは最終的に四十八票集めることができた。

石原　一矢報いることができて面白かったな。

亀井　勝ち負けは関係ない。戦うことに意味がある。今の政治家は結果ばかり求めるからダメだ。

石原　確かにそうだ。

政治家らしい政治家がいない

石原　もう一つ、総裁選で、僕の対立候補の一人が林義郎だった。これもおかしな話なんだ。宮澤（喜一）派の擁立候補だったけど、林は何かの理由で田中派から出ていった男だ。なんでこんな男を候補にしたのか。もっとほかにマシなのがいただろう。宮澤はそういったあたりが姑息で、本当に嫌な政治家だった。

亀井　海部さんの後、宮澤さんが総理になった。

石原　僕は一度、官邸にいた宮澤に会いに行って直訴したことがある。戦時中、多くの特攻隊員の面倒を見て、〝特攻の母〟と呼ばれた鳥濱（とりはま）トメさんに国民栄誉賞をあげてほしいと。ところが、宮澤は「はあ、その方はどなたなんですか」と言う。僕が経歴を説明したら、「そんなこと言ったら切りがございませんからね」と。

亀井　切りがないも何も一人しかいないだろう。

石原　だから、僕が「嫌ですか」と聞いたら、宮澤は「嫌ですな」と言った。僕はカッとなって「わかった、お前、覚えてろ。貴様みたいなやつは必ず野垂れ死にするからな」と。宮澤は腰を抜かして驚いていたな。それ以来、僕の顔を見ても、宮澤はすぐ顔を背けるようになった（笑）。

亀井　そうなっても仕方がない（笑）。

石原　ある自民党の会合で、僕が遅れたことがあった。廊下で森喜朗と会ったから少し立ち話をした。それで会場に入ったら、森の席が空いていたから、その席に座ったら、たまたま宮澤の隣だった（笑）。テレビで大事な税金に関する質問を受けて宮澤はそっけない発言をした。僕はそれにカチンときていて「宮澤さん、あの問題、あんな言い方をしないほうがいいですよ」「はあ?」「印象が良くないよ」「フン」と宮澤はむくれて、「トイレに行く」と会場を出て行った。その後、何分経っても戻ってこない。女性スタッフが「宮澤先生はそのままお帰りになりました」と。そしたら、まわりの連中も「石原さんの言う通り、あんな言い方はないよな」と、宮澤の悪口を言い始めるんだ（苦笑）。

亀井　宮澤さんは東大法学部出身でサラブレットの意識が強かった。私なんか東大出でも経済学部だから毛ジラミ扱い（笑）。

石原　宮澤は大蔵省出身で財政通と言われながら、日本の会計制度にまったく手をつけなかった。あの頃は、年度末になると予算消化のために不要な道路工事が増えて、渋滞が増えるのが風物詩になっていた。

あるとき、閣議でみながそのことを愚痴っていて、宮澤も同調していたけど、会計制度を変えるだけでいいのに、当時の大蔵大臣だった宮澤は何もしなかった。

亀井　宮澤さんとは同じ選挙区で戦ったから、よきライバルみたいなものだ。当時の中選挙区制度では、面白い人物がいきなり登場してきたから活気があった。

石原　僕の選挙区も面白かった。僕を含めて、上田哲（社会党）、大内啓伍（民社党）、鈴切康雄（公明党）、榊利夫（共産党）と五人当選した。

亀井　小沢が政治改革と称して小選挙区にしたけど、政治家らしい政治家がいなくなってしまった。党に選ばれないと出馬できないから、官僚型の小物の政治家ばかり増えてしまう。おかしな制度をつくったものだ。

今の時代は「昭和維新の歌」と同じ

亀井　そう言えば、石原さんと一緒にシンゾーに会いに行ったとき、日韓関係が冷え込んでいるから、韓国と信頼関係を再び築いてほしいと話したな。シンゾーは神妙にうなずいていた。

石原　安倍君の前で三上卓の「昭和維新の歌」を歌ってやろうと思ったけど……（笑）。

〽権門上に傲れども　國を憂ふる誠なし　財閥富を誇れども　社稷を思ふ心なし――

今の時代もこの歌詞と同じだってな。

亀井　シンゾーは石原さんのこと、ドーベルマンだと思っているからやりにくかったんじゃないか（笑）。

石原　じゃあ、亀ちゃんはなんだ？　狆か？

亀井　何を言う（笑）、日本男児の私は土佐犬だよ。シンゾーは私の前では常に直立不動だ。安倍晋太郎先生が存命のとき、秘書官を務めていたシンゾーは私に礼を尽くして接してくれた。その名残りが今もある。

石原　安倍晋太郎さんについては、歯がゆい思い出がある。安倍さんが外務大臣だったとき、イランとの関係は良好だった。ホルムズ海峡を日本のタンカーが通る際、イランはすぐパスさせてくれた。ところが、それをアメリカが嫌がった。アメリカの艦隊が援護しようと言ってきた。安倍さんはアメリカの言い分にも心が動かされていた。

僕はその話を知って激怒した。すぐ安倍さんのところへ行って「あなた、しっかりしなさい。イランと日本は特別な関係なんだから」と言ったことがある。いかにもアメリカに弱いところがあった。

亀井　安倍先生は本当に善人だった。そんな方が、なぜ、あそこまでの地位に上り詰めたかと言えば、ひとえに「血統」だ。岸信介の娘婿だったからね。

石原　その通りだ。

亀井　安倍先生は中曽根内閣の後継者として自分が選ばれるとばかり思っていた。

石原　ニューリーダーの一人だったな。ほかに竹下登、宮澤喜一、渡辺美智雄。でも、どう考えても竹下さんが最有力候補だった。

亀井　当時、官房長官だった後藤田正晴さんのところに行って「後継者は誰を指名するんですか」と聞きに行った。後藤田さんは「いや、亀井君にも言うわけにはいかんな」と。ただ、最後に「血は水よりも濃しだ」とぼそっと呟(つぶや)いた。それを聞いて、「中曽根さんと懇意にしている竹下さんに間違いない」と確信した。

派閥に帰ったら、もう後継者は安倍先生に決まったようなお祭り騒ぎで赤飯まで炊いていた。私は「後継者として絶対に選ばれない」と言った。戦争中、アメリカに負けると言ったら「非国民だ」と言われただろう。それと同じ目にあって大変だった（苦笑）。

消費増税はやる必要がなかった！

石原　安倍政権も正念場だな。二〇一九年十月に消費増税したけど、財務省が主導したんだろう。ある経済人の会合に行ったけど、財務省に少しでも盾突くような発言をすると、その会社に対して露骨に査察が入るそうだ。

亀井　国税にかかわるから、みんな震え上がってしまう。財務省は歳入・歳出の両方の権限を持っているから独裁国家みたいなものだ。せめて、歳入のほうは独立させるべきだよ。

石原　憲法第九十条に「国の収入支出の決算は、すべて毎年会計検査院がこれを検査し、内閣は、次の年度に、その検査報告とともに、これを国会に提出しなければならない。会計検査院の組織及び権限は、法律でこれを定める」とあるけど、この憲法も変えないとダメだ。

国家公務員である会計検査院が役人たちの税金に関する行いを検査し、その矛盾を厳しく指摘するなんて考えられない。「特別会計」なんて、滅茶苦茶な制度だよ。

亀井　その通りだ。石原さんは一橋大学出身だから、そういうことには詳しい（笑）。

石原　いや、僕は京都大学文学部仏文科に行くつもりだったんだ。でも、弟・裕次郎が放蕩するものだから、親父の上司の社長が「このままでは石原家がつぶれるぞ。慎ちゃんはどうするつもりだ」と。僕は「いや、私は京大仏文科に行くつもりです」と答えたら、「文学部なんてとんでもない！　就職できないぞ。できたとしても、初任給は一万三千円（当時）程度だから、とてもじゃないが、家族を養うことなんてできない。もっといい仕事があるから、それになりたまえ」と。「なんですか？」と聞いたら、「公認会計士だ。君なら勉強すればなれる。しかも平均二十二万円の収入がある」と言うんだ。

亀井　へえ、当時からそんな高給だったのか。

石原　僕は「どこの大学がいいんですか」と聞いたら、「まあ、中央大学だな」と。「そこは嫌ですね」と言ったら、「だったら私の母校の一橋に行け」と言ってくれた。入学して半年間、会計と簿記を一所懸命勉強したけど、「こんなつまらない学問はない」と思ってやめたよ（笑）。

亀井　私と違って東大に行くには、ちょっと頭が悪かったんだな（笑）。

石原　東大より京大のほうがいいよ。

亀井　私も京大に憧れていた。でも、兄貴が東大に行ったから、つられて行くことにしたんだ。行ってわかったけど、東大は頭でっかちなヤツが多くてダメ。一橋大学は実学を教えるから、経済界のトップに多い。

石原　「官学の中の私学」と言われたけど、寮生活も体験できたし、行ってよかったと思っている。その時代の勉強の名残が、知事になって生きたんだ。

亀井　バランスシートを都政に持ち込んだ。

石原　単式簿記を発生主義の複式簿記に変えた。四年で都の財政を立て直して、五年目には四千億円の貯金ができた。それで「五輪をやろう」と提案したんだ。でも、宮澤喜一のような官僚中の官僚が、どうして日本の会計制度を変えなかったのか、理解に苦しむよ。

亀井　いまだに単式簿記だろう。

石原　それだと会計年度の「繰り越し」ができないんだ。先を見越しての予算管理という概念がないから、日本の会計制度は無駄なところがとても多い。調べてみたら、単式簿記を採用している国は、北朝鮮、フィリピン、パプアニューギニアだけ（笑）。国の借金が雪だるま式に増えて、国債を発行し続けているが、本当に破綻しないのか。

亀井　日銀が肩代わりして、国債を買えば済む話だ。

石原　日銀にそんな金があるのか。

亀井　刷ればいいだけだ。

石原　インフレになるぞ。

亀井　むしろ、今はデフレ状態だから、貨幣を増やすことは問題ない。国のお金を右のポケットから左のポケットに移すだけの話だ。国家が永遠に続く限り、何の痛みもない。

石原　最後には痛みが出てくるだろうよ（苦笑）。

亀井　それは日本が潰れるときだから（笑）。

石原　太平洋戦争期、戦時債券を出した。あるフランス人が大量に購入したが、日本人は勤勉で生真面目なところがあるから、必ず返済すると約束した。結局、そのフランス人は大金持ちになった。今の時代はだいぶ違うだろう。

亀井　アメリカも日本国債を購入している。

石原　日本を苦しめるためだろう。

亀井　それもあるかもしれないが、日本国債に対する信頼度が高いから購入するんだ。

石原　日本国債の利回りは十年でもマイナス〇・〇二％だ。商品として魅力がない。アメリカの国債は約二～三％の利回りが保証されている（二〇一九年十月時点）。それなら購入する意味もわかるが。

亀井　国債の配当目的で購入をしていない。安定的な資産保全として購入しているんだ。

石原　紙クズになる可能性が高いぞ。

亀井　もちろん、国が極端に弱くなったらそうだ。

石原　むしろ、日本経済を底上げするためには、日本の企業の内部留保（企業が利益から税金や配当を差し引いた上で積み立てた金額）を、どう吐き出させるかが重要だろう。二〇一七年度末で、なんと約四百四十六兆円もある。

亀井　この数字を見てもわかるように、日本はとても豊かな国なんだ。大衆課税である消費増税をする必要はまったくない。金が欲しいなら、この内部留保に税金をかければいい。

石原　だから、僕は都知事時代、大銀行に対して外形標準課税（資本金や売上高、事業所の床面積といった企業の事業規模に課税する方式のこと）を実施した。この課税のための条例制定を進める中で猛反対にあった。ところが、山中貞則さんが味方になってくれて、「わかった。お前の言う通りにやろう」と言ってくれた。

税務調査委で大蔵省出身のOBが反対の声をあげたけど、山中さんは「黙れ！　私は石原と約束した。それに私は銀行が好きじゃないんだ」とバサッと切ってくれた（笑）。これも東京の財政再建の一つのよすがになり、中曽根さんも「君、よく思いついたな」と評価してくれた。大塚俊郎出納長という、実に優れた人間が提案してくれたアイデアだった。

高負担・高福祉の弊害

亀井 石原さんは勘がいいんだよ。アベノミクスももう一つ思い切った政策をとらないとダメだな。

石原 そのアベノミクスだけど、厚労省の不正統計問題は、安倍政権への忖度が生んだ歪(ゆが)みと言えないか。

亀井 全数調査をすべきところもサンプル調査で済ませて、数字が実際よりも低くなってしまった。つまり、役人が仕事をサボッていたんだ。それでシンゾーの任命責任が問われてしまったけど、どうだろうか。

石原 根本匠(たくみ)厚労大臣(当時)も可哀そうだ。二〇〇四年から続いていたミスだというじゃないか。その前の政権の責任でもある。一時、糾弾の急先鋒だった、長妻昭元厚労大臣だって民主党政権時代に関与していたわけだろう。

亀井　私が金融・郵政改革担当相だったとき、月例経済報告等に関する関係閣僚会議で、日銀から間違った報告を受けたことがある。「この数字はおかしくないか。もう一度調べろ」と突っ返した。それで調べ直したところ、「すみません、間違えていました」と日銀が言ってきた。統計の取り方なんて、本当にいい加減なものだ。世論調査だって、読売・朝日・産経で全部違う数字が出てくるだろう。しかも、政府が喜ぶように、恣意的な調査をしてしまうから危険だ。

石原　数字のレトリックだよ。

亀井　そして、役人は「今は良くないけれども、将来は良くなる」と必ず書き加えてくる（笑）。問題は政治家に実体経済を見る目があるかどうかなんだ。庶民の日常生活の中で、今の景気が良くなっているのか、国民の顔色はどうなのか……それを見抜く力を持たなければいけない。今回、消費税を上げたのは、疑問だな。

石原　将来の社会保障の財源と、消費増税によるバランスは、本当に取れるのだろうか。

五輪招致のためにスウェーデンに行ったとき、ホテルの食事が口に合わないから、日本のインスタント食品を持ち込んだ。それを食べようと熱いお湯を頼んだら、日本では考えられないほどの高額を請求された。コーヒーよりも高いんだ。なぜかといったら、二五％の消費税のためだ。その代わり、大学の学費までタダになる。

亀井　高負担・高福祉だな。日本の福祉行政も過剰だよ。本当に助けるべき人を助けていない。富裕層すら健康保険や年金の恩恵を受けている。金持ちは、すべて自己負担で病院にかかればいい。その代わり、低所得の人たちに対しては年金や医療保険をもっと充実させればいい。

石原　正論だな。

権力をもぎ取る！

亀井　シンゾーはどれくらいまで続けるつもりだろうか。かわいそうと言えばそうなんだ。後ろから「やめろ、俺がやる」と言う人間が出てこないから、いつまでもやるハメになる。

石原　四選はできないんだろう。

亀井　党則を変えればいいだけだ。

石原　孟子の有名な言葉に「自ら反みて縮くんば、千万人と雖も、吾往かん」（自分で自分の言動を顧みて、正しいと思うのならば、たとえその道を一千万人が塞ぐことがあろうとも、私は全うする）というのがある。昔の政治家は座右の銘にしたものだが、今の政治家に、この言葉が響くだろうか。

亀井　サラリーマン政治家ばかりだ。私のところに与野党の議員が相談に来るけど、腹をくくっていない。政権を取れればめっけもん、そうでなければ元の鞘に収まろうとする。度胸がない奴に知恵をつけても無駄だ。

石原　敗戦覚悟で戦うことが必要だ。

亀井　今の政治は綺麗ごとばかりだ。総理の座は、多少気が触れたところがないとつかめない。石原さんは都知事として東京五輪招致活動、外形標準課税導入やディーゼル車排ガス規制など、いくつもアイデアを出して、都政を活性化させた。もし総理だったら、日本はもっと面白くなっていただろう。世界各国の曲者たちとも対等に渡り合えたんじゃないか。

石原 いや、どうだろうか。万が一、総理になったとしても、亀ちゃんに唆されて、失言を連発して、失脚させられていたかもしれないな（笑）。

亀井 ともあれ、「総理、もう長いですよ。あとは私が引き受けます」――これくらい言う人間が出てこなくちゃ。石破茂は口先だけで批判がましいことばかり言って情けない状態だし、岸田文雄も二〇一八年の自民総裁選のとき、「禅譲してもらうまで待つ」と途中で降りてしまった。それが派閥の中で男を下げたんだ。

石原 岸田は「沈香も焚かず屁もひらず」みたいな印象を受けるな。

亀井 それではタマなしの宦官みたいな男になる（笑）。

石原 今の自民党議員は、自分の人生は自分で切り開くという度胸と覚悟に欠けるんだ。みんな腑抜けだよ。

亀井 自民党内を見ると、まるで金太郎アメ状態。どこを切っても一緒の顔ばかりだ。石原さんが総裁選に躍り出た頃とまったく違う。支持者の数の多い少ないじゃない。

権力をもぎ取る！　この意思の強さが肝心だ。アメリカに対してもそう。「ＮＯ」と言える政治家にならないと。

石原　僕は角さんに対して金権政治体制を批判し続けて、自民党内でも煙たがられていた。それを見かねた裕次郎が「兄貴、バカだな。田中角栄の悪口を言って何になるんだ。いい人なんだから、取り入って文章の書き方を教えてあげろよ。そうしたら、可愛がられるのに」と言ってきたことがある（笑）。

亀井　角栄さんは文章もうまかった。

石原　角さんの思い出で面白い話がある。角さんがまだ「闇将軍」として隠然たる勢力を保っていたときのことだ。

立正佼成会（りっしょうこうせい）の初代会長、庭野日敬（にわのにっきょう）さんに僕は可愛がられていて、よく法華経の講話などを聴かせてもらった。あるとき、庭野さんが角さんに引退を勧め、平和運動に邁進したらどうかと、引導を渡すため一席を設けた。教団渉外部長の布施も同席していた。布施は護憲派で、改憲派の僕を毛嫌いしていた。結局、角さんは「ロッキード事件はインチキだ」とまくし立てるばかり。庭野さんは愛想を尽かして、途中で帰ってしまった。
　ロッキード事件があらかた終わった後、布施が「先生を裏切った奴は許せません。必ず復帰しますから、そのときは復讐してやりましょう」と言った。角さんは「おう、俺の金をもらいながら裏切った奴らは絶対に大臣にしない」と。それで七名くらい名前をあげた。布施が僕を追い落とすつもりだったんだろう、「先生に金権批判で弓を引いたあの石原はいかがですか」と聞いたら、「ああ、あんな奴、あいつはもともと物書きだからな、仕事として書くのは当たり前だろうよ。第一、俺はあいつに金なんぞ一文もくれてやったことはないからな」と角さんは答えたそうだ。その話を聞いたとき、心底ホッとした（笑）。

亀井　昔は金がよく動いたものだ。

石原　池田勇人、佐藤栄作、藤山愛一郎、灘尾弘吉の四人が争った一九六四年の総裁選のときには「ニッカ、サントリー、オールドパー」と言われたな（笑）。

亀井　「ニッカ」が二派から金銭をもらう、「サントリー」が三派から金銭をもらう、「オールドパー」が各派から金銭をもらって白紙投票する、という意味だった。

池田大作のバカバカしさ

石原　ずっと連立を続けている公明党はどうするんだろうか。いわば下駄に挟まった雪みたいなものだよ。くっついてくるけど、払えばいつでも落ちてしまう。

亀井　池田大作が健在の頃は司令塔として機能していたけど、今は体調が悪いのか、それができていない。言わば、糸が切れた凧(たこ)みたいになっている。

石原　僕が一九六八年、参議院議員に初当選した頃、池田大作から頼みもしないのにおめでたいから一席を設けたいと言われ、行ったことがある。公明党員の矢野絢也と大久保直彦を呼んでいて「これからは君たちの時代だから頑張ってくれよ」と池田が言うんだ。ところが途中で、池田が「ちょっと用事があるから中座する」と言って出ていったんだけど、どうやら「金剛会」という創価学会を支援する経済人の会に行っていたようだ。

その会長が池田とケンカし、『週刊文春』に売り込んで記事になったことがあったけど、その中で、池田は「いや、石原がペコペコして頼んでくるから一席設けたけど、石原や今東光(こんとうこう)みたいな三文文士が国会議員になったら、もう日本はお終いだな」としゃべっていたと、取材に対して答えていた(笑)。

亀井 怒鳴り込まなかったのか。

石原 バカバカしいから放っておいた。とにかく池田は大げさな振る舞いをする人だったな。佐藤栄作の〝密使〟として沖縄返還交渉に関わった国際政治学者の若泉敬が「石原さんは絶対に都知事になれ。そのためにも創価学会の票が大事だ」と、池田と無理やり引き合わせてくれたことがある。池田は若泉に会うなり、満面の笑みで「いやあ、あなたは日本の高杉晋作だ」とおべんちゃらを言ってきた。僕は冷めて聞いていたけど、若泉は興奮していた。

池田は取り巻きの黒柳明に「君ね、石原さん、若泉さんも含めて、三人の会をすぐにやるからな。君は万難を排してでもセッティングしたまえ。うまくできなかったらクビだぞ！」と言ったら、黒柳は「はい！」と威勢のいい返事をしていた。池田は「いやあ、今日はいい日だった。私は忘れないよ」と僕と若泉に握手を求めた。若泉は単純だから、そのとき、いつものようにコーフンして鼻血を出してしまった。

亀井　それでどうなった？

石原　池田のカフスに血がついてしまった。若泉が慌てて拭こうとしたら、「何をするんですか。これは大事な血だ。私は一生洗わないよ」と言っていた。若泉のほうは「なんて偉大な人だ！」と感激しきりだったけど、僕は内心「下手な役者みたいなやつだな」と呆れてしまった。

亀井　池田は石原さんの人気をうまく利用しようとしたんだ。

石原　学生紛争のとき、池田が「造反有理」と書かれたヘルメットをかぶって、マスクをし、若い学会員たちと撮った写真が残っている。それを見たとき心底バカバカしさを感じたよ。

亀井　公明党はどこに行くのかね。

ところで、この前（二〇一九年七月）の参院選で「選挙に出てくれ」と声をかけてくれるヤツもいる。実は、山本太郎（れいわ新選組）は私に出てほしいと二度来たことがある。一番で指名すると。でも断った。

石原　へえ、亀井静香を山本太郎が従えるなんてとんでもない話だよ。僭越すぎる。

亀井　私を大将にすればいい（笑）。小沢一郎にも声をかけていたようだ。石原さんが一緒に出てくれるなら別だけど（笑）。

石原　僕は、もういいよ（笑）。

亀井　相棒がいないから寂しい。石原さんの後を継ぐ政治家が誕生してほしいものですよ。ただ、石原さんは常に時代の先端を行き過ぎているから、理解されにくい面があるのも確かだ。

石原　だから、僕はいつだって孤独、孤高なんだよ（笑）。まあ、今後の政界は改憲を含め、どのような動きがあるか見物だな。

亀井　政治家は「歴史が自分を裁いてくれる」という覚悟を常に持つべきだ。

石原　まさにそうだね。それだけ歴史観を持った政治家はいないよ。

亀井　キョロキョロして政治をしていたら、民は惑うだけ。確かに国民の言うことは聞かなければいけない。でも、国民の意見の中で従っていい意見と、そうではない意見がある。数が多い少ないはしょうがない。その見分けをして、いい意見をどんどん吸収していくような指導者が生まれてくれれば、その国は幸せだろうな。

多士済々の青嵐会

石原　亀ちゃんは、現役時代、志帥(しすい)会という派閥を結成しただろう。

亀井　村上正邦さんや江藤隆美さんとタッグを組んだ。一時は六十名ほどいた。村上さんの後に江藤さんに引き受けてもらおうと思ったら、江藤さんが「亀井君、私は金がない。ダメだ」と言ってきた。「金は全部、私が引き受けるから心配するな」と言って会長になっていただいた。江藤さんと付き合って、嫌な思いをすることは一度もなかった。

石原　江藤さんは面白い人だったな。宮崎県議会議員のとき、上京することがあった。街中で見かけた女性に一目惚れをしたんだ。ボードレールの詩に「通りすがりの女に」(『悪の華』所収)という大都会での行きずりの恋についての、いかにも切ない印象的なものがある。

〈街路が耳を聾(ろう)さんばかりに私のまわりで吠えていた。／すらりと、細く、喪の正装に、悲しみの威儀を正して、／一人の女が通って行った、華麗な手の片方に／レースの飾りと裳裾とをつまんで、ゆらゆらさせながら、
軽やかに上品に、彫刻の脚を進めて行った。／私と言えば、気の変な男のように立ちすくみ、飲み干していた、／そのひとの目の、嵐をはらんだ鉛いろの空の中に、／魂を奪うやさしさと、いのちを奪う快楽とを。
一瞬の稲妻……あとは闇！　──消え去った美しいひと／そのまなざしが私をいきなり生き返らせたひとよ、／君にはもはや永遠の中でしか会えないのか？
どこかよそで、遠いところで！　もう遅い！　たぶん二度とは！／なぜなら君の逃げ先を私は知らず、君も私の行く先を知らない、／おお　私が愛したはずの君、おお
それをちゃんと知っていた君！〉（安藤元雄訳／集英社文庫）
江藤さんもまさに同じ状況だった。「この女性は素晴らしい。永遠の伴侶になる人だ」と直感した。それで女性の後をずっとつけていった。女性が別の道を行くところを見て、江藤さんは走った。もともと陸上部の中距離ランナーだったから、足が速かっ

た（笑）。急いで女性の先回りをして、突然、江藤さんは「あなたに決めたんだ、私は。あなたに決めた！　結婚してください」と懇願した。当然、女性は驚いたが、江藤さんの凛々（りり）しく男らしい態度に胸を打たれ、結婚を承諾したんだ。

亀井　江藤さんはそういう人だった。運輸大臣のときも成田闘争に加わっていて、農地を売らないリーダーのところに何度も足を運んだ。「下から目線」を実践した人格者だった。

石原　竹を割ったような男だったな。

亀井　色気ゼロだ。

石原　江藤さんの選挙区である宮崎県にリニアの実験線があった。僕は当時運輸大臣で、現場を見に行ったんだけど、短い区間で、豚小屋とか鳥小屋の間を縫ってつくられていた。「こんな格調の低い実験線では十分なことはできない」と思って、山梨県へ移管させた。

そしたら江藤さんが激怒した。「お前は俺を裏切った。糟糠（そうこう）の妻は堂（どう）より下さず、だぞ。お前はその信義を外したんだ」と言った。粗末な物しか食べられない貧しい時を共にした妻は、立身出世しても離縁して家から追い出すわけにはいかないという意味だ。僕は「江藤ちゃん、日本のことを考えろ。リニア新幹線は東京と大阪をつなぐための実験線だ。宮崎県のままだったら、本当の時速も出せないし、国のためにもならない。広い視野で見てほしい。もう決めたんだ。君の友情で僕を殴ってもいいから」と答えた。それで江藤さんは「わかった、よし！」と言って協力してくれた。

亀井　そういう気持ちのいい男だった。

石原　僕も所属していた派閥の青嵐会はうるさい連中が多かった。幹事長を務めたけど、幹部会をしても話が一向にまとまらない。

亀井　普通の人間の集まりだとは見ていなかった。火つけ強盗、詐欺師、泥棒、ヤクザな連中の集まりだ、と（笑）。

石原　言い過ぎだよ、多士済々だったんだ（笑）。青嵐会を結成するとき、僕の提案で会員名簿に血判を捺（お）すことにした。ただ、同じナイフで切ると、変な病気をうつされるかもしれないだろう。だから、一刃ずつ折り捨てるカッターを使用した。まず僕が切って血判した。

次に藤尾正行が「よし、俺がやる」と言い出した。ところが「うーん、切れない」とモタモタしている。見かねた中川一郎が「お前、思い切って切らないとダメだよ」とアドバイスした。藤尾は「わかってるよ」と言ってグッと刺した。そしたら血が噴き出して「お前、切り過ぎだよ」と大騒ぎになった（笑）。

亀井　そんな無茶なことをする連中が多かった。

石原　血判を怖がって辞退した奴が四〜五人いたけどな（笑）。

亀井　あの頃は輝いていたよ。今は頭でっかちな奴らばかりだ。

石原　一番困ったのが、浜田幸一だ。ラスベガスのカジノで二億円すったと噂になり、問題視された。ハマコーを幹部会に呼んで問い質したら、くどくどと言い訳をする。僕はバカバカしくて黙って聞いていた。最後に、ハマコーが「幹事長、何も言わないっておかしいじゃねえか。一言言えよ」と言ってくる。僕が「言うことないよ」「何か言えよ」としつこいから、「李下に冠(りかかんむり)を正さずだな」と言った。ハマコーは「なにー!?俺はもうやめた！」と怒って出て行った。そのあと、ハマコーは中川のところに行って「石原の言ったことは、どういう意味だ？」と聞いたそうだ（笑）。

亀井　ハマコーさんは自民党広報委員長で、役員会になると必ず出てきた。そのとき、いつも理由もなく三塚博さんを罵（ののし）った。当時、私は三塚さんと仲が良かったから、頭に来ていた。「ハマコーさん、ちょっと顔を貸してくれ」と会場から引きずり出し、「貴様、もう許しておかないぞ」と脅しをかけた。そしたら、ハマコーさんは急にニコニコし出して「もうしません」と平身低頭だった。

石原　警察権力に弱いんだ（笑）。

亀井　元不良少年だから、弱い者には強く、強い者には弱いという精神構造の人だった。

石原　特異な政治家だったな。

政治家の浮沈

亀井　そう言えば、中川先生は「ソ連のスパイだ」と言われ濡れ衣を着せられた。

石原　ソ連の利権に妥協したことは間違いない。ソ連崩壊後、グラスノスチで機密文書が公開されたが、中川がサハリン油田の開発利権を得ていたことが暴露された。『驚きももの木20世紀』（テレビ朝日系）という番組で「政治家・中川一郎」と題され、放映されたことがある（一九九七年四月十八日）。僕も取材を受けた。そのとき、内部事情に通じる日本人がいて、「あなたはKGBの手先なのか」と聞いた。「いや、私はKGBから情報を得ていましたが、関係ありません」と言っていた。結局、ソ連からの中川への利権供与発覚を恐れて、ある筋によって暗殺されたんだ。

亀井　歴史の闇だな。

石原　暗殺の日を見ると不可解なことばかりだ。中川は奥さんに「人が来るから、別の部屋で待ってろ」と言って別の部屋に行かせた。奥さんは待ちくたびれて寝てしまった。夜中一時に目が覚めて、「あら、もうこんな時間だわ」と中川がいる部屋に行ったら、浴室で首を吊って死んでいた。しかも、浴槽とトイレの間の細い桟（さん）を使って首を吊っていた。中川みたいな大漢を支えられるわけがない。殺された後、吊るされたんだ。印象的だったのは、中曽根さんが葬式に来たとき、しきりに棺（ひつぎ）の中を覗いていたことだ。

亀井　私も見ていた。中曽根さんは奇妙に探るような眼で、中川先生の遺体を見ていた。

石原　そうだろう。

亀井　中川先生が亡くなる一カ月前にお会いしたことがある。ビルの一室で夕方、薄暗い中、一人ぼっちでいた。暗い顔をして、相当落ち込んでいた。

石原　危険が差し迫っていたことに気づいていたんだろう。

亀井　「先生、元気を出してください。年が明けたら、必要があれば、あなたのところにはせ参じますから」と言って励ました。狩野（かのう）明男と共に、福田赳夫先生から中川先生を助けてもいいという許可をもらっていた。

石原　福田さんも中川のことを随分可愛がっていた。だけど、僕からしたら、中川との思い出は不愉快なことが多い。僕が派閥の幹事長をしていた頃、長谷川四郎さんと長谷川峻（たかし）さんを中川のもとに連れていった。両長谷川氏はそのとき、どこの派閥にも所属しておらず、民社党の春日一幸さんに「石原君、エライ人事をやったな。まさに右近の橘（たちばな）、左近の桜、現代の名軍師だ」と、独特なだみ声で褒められたほどだ（笑）。

長谷川四郎さんは「石原君、あなたは中川君よりもはるかに有名だけど、まずは中川君を金屏風の上に据えなさい。その次は君だ」と。中川の総裁選出馬にも賛意を示してくれた。

亀井　鈴木善幸さんが総理の頃か。

石原　もう一期やりそうな気配だったから、総理になりたかった中曽根さんは総裁選を画策していた。でも、総裁選を実施するきっかけがなかなか見つからなかった。河本敏夫、安倍晋太郎が出馬の意思を固めていて、あと一人名乗りをあげたら総裁選ができた。

僕は中川を焚きつけ、「記者に八百長で総裁選出馬について質問をさせる。そのとき、必ず答えてくださいよ。そしたら一挙にことが進みますから」と。中川は「わかった」と答えた。牛島中将が自決した洞窟跡が沖縄の摩文仁の丘近くにあるけど、中川はそこへ行って興奮して帰ってきた。のぼせてしまって、記者の質問前に自ら「総裁選に出馬する」と言ってしまったんだ（苦笑）。

僕は心底驚いて、真っ先に部屋へ帰って中曽根さんに電話した、「これであなたの番が来ました。総裁選になりますから」と。中曽根さんは「本当にそうか。いや、ありがとう」と。それからしばらくして、中曽根さんから電話がかかってきた。

何かと思ったら、「石原君、中川を下ろせ」と言う。「どうせ負けるに決まっている。金と時間の無駄だから」。僕はカチンと来て「何を言っているんですか。勝手なことを言わないでください」と答えた。中曽根さんは非情な面がある。僕は続けて「できませんよ」と重ねて言った。そしたら中曽根さんは激高した。「お互いに金と時間の無駄だぞ」と言うから「それはわかっています。あなたが総裁になるかどうかは別の話です。私は中川を立てることに決めたんですから」と。

亀井 結局、中曽根さんが総理になった。中川先生はあの当時、党内の人気と国民的人気が正反対だった。中川先生が地方に行くと、みんな日の丸の旗を持って出迎えたほどだ。そんな光景を見ると、自分が総理になれると勘違いしてしまうのも無理はない。ところが、永田町の評価はまったく別で落差があった。そこは気の毒だった。

石原 中川は「とにかく激励会をしてくれ。東京でもやってほしい」と言ってきた。「やっても無駄だから」と諫(いさ)めても、どうしても頑として聞かない。「金に糸目をつけるな」と言うから、赤坂プリンスホテルで開催した。選挙区の若い連中に頼んで「うんと派手にしてくれ」と頼んだら、お神輿まで持ち込んだ（笑）。

中川は大喜びで、涙まで流して「ありがとう」と僕の手を握ってきた。「中川さん、のぼせないほうがいいですよ。この中で自民党員は十人もいないんだから」と言ってやった。中川は目を剝いて「あなた、それがよくないんだよ。そういう冷たいことを言うのが君の悪いところだ」と憤慨していた。本当のことを言っただけだよ。結局、総裁選は負けるべくして負けた。四位で終わったけど、中川は歯ぎしりして悔しがっていた。僕は「今の立場に甘んじなければダメだよ」と言ったんだけど。

亀井　勘違いしていたんだな。

石原　三塚博の動きも不可解だった。安倍派にいながら、中川にも取り入って金をもらい、仙台で集会を開いた。その前にすでに安倍晋太郎さんのためにもやっていたんだ。中川は人数が集まっていたから喜んでいた。僕は会場にいる人に「今日、二度目でしょう。ごくろうさん」と言ったら、「いやあ、そうなんですよ」と（笑）。安倍さんのときのほうが人数が集まっていたんだ。そういう意味で、三塚はとっぽいところがあった。

亀井　三塚さんは石原さんや中川先生も所属していた自由革新同友会にいた。その縁もあったんだろう。当時の三塚さんは勢いがあった。仁王様が燃えるようなオーラを出しながら、演説をぶっていた。清和会でも森喜朗さんがリーダーであったにもかかわらず、三塚さんが一九九一年の総裁選に打って出ることになったほどだ。

石原　福田さんが亡くなって、誰が清話会を継ぐかという話になったとき、三塚は会長候補だった長谷川峻さんに爆弾を落とした。会長にさせまいとしたわけだ。僕は三塚の動きを察知して、長谷川さんに「絶対にいてくださいよ。三塚を防がないとダメです」と何度も懇願したが、一億円をもらって行方をくらましてしまった。ホテル中を探したけど、どこにもいなかった(笑)。

亀井　当時の一億円は、今の感覚で換算すると一千万円にもならない。

石原　金に汚い奴らも多かった。中川が不慮の死を遂げた後、仕方がないから派閥の七～八人若い連中に手付金を渡してやった。お金がないから資産まで売ったんだ。そのとき、たまたま国会が中止になった。「じゃあ、ゴルフでもしに行くか」と言ったら、若い連中が連れて行ってくださいと言う。ゴルフ場に着いたら「石原先生、賭けませんか」と言うから、「ホールマッチだよ」と答えたら、「わかりました。鶴ですか、亀ですか」と。「なんだ、それは？」と聞いたら、「鶴は千年（千円）、亀は万年（一万円）」と。人から今朝、金をもらっておきながら、抜け抜けとまだこんなことを言うのかと思って、ツバを吐きかけてやりたかったよ。

亀井　がめつい連中だな。石原さんのまわりには、個性的な連中がたくさん集まっていた。平沼赳夫のようなしっかりした人もいたけど。

石原　平沼は高貴な男だ。ただ、娘さんを秘書にしたのはまずかった。脳梗塞を二度発症しているが、その頃の一週間の予定を聞いたら、滅茶苦茶だった。海外視察に行き、帰ってきたらすぐ後輩議員のために地方行脚をしていた。倒れた後、僕は娘さんに「もっと健康管理を考えなきゃダメだろう」と叱咤した。娘さんは「父がどうしても行きたがって」と言うから、「それを止めるのがあなたの役目でしょう」と言ったことがある。

亀井　岡山で会ったけど、元気でしたよ。

石原　政治家の浮沈を見ていると、感慨深いものがある。青嵐会のメンバーだった渡辺美智雄さんの息子の渡辺喜美は、一体どういうつもりなんだ。何をしたいのかさっぱりわからない。随分可愛がって、いろいろアドバイスもしてやったんだけど。

亀井　立花孝志のN国と手を組んだけど、よくわからないヤツだな。

佐藤栄作の驚嘆すべき二枚舌

亀井　今の時代、個性的な政治家がいなくなった。何より本当の愛国者がいないよ。

石原　自分の命を殉じるほどの大義名分が見当たらない。

亀井　ないな。

石原　自分の日のあたる場所での身の処し方ばかり考えている。「忖度」発言して国交副大臣をやめて、選挙にも落ちた塚田一郎なんて、その最たるものだ。自分の親分である麻生太郎におべっかを使ったわけだ。

亀井　くだらないね。野党は「モリ・カケ問題を彷彿とさせる」とか言って、ソンタク批判を繰り出したわけだけど、その程度のことしかできないからな。モリ・カケ問題は官僚がかかわっていたけど、あいつらは権力の強いものになびく習性がある。私が政調会長のとき、官僚を自由自在に使うことができた。「尻を拭け」と言えば拭いてくれる。理屈・理論じゃない。権力者のためなら何でもする。これが役人の本性だ。

石原　亀ちゃんと二人で羽田空港の国際化を実現させたときもそうだ。まず亀ちゃんのところへ行ってその説明をしたら、すぐに理解してくれた。それで二人して運輸省（現・国土交通省）に行き、次官を恐喝（笑）。わずか十五分の交渉で十二億円の調査費をつけさせ、羽田空港D滑走路の着工につながった。今や天皇も総理も羽田空港から世界に飛び立つようになっている。

亀井　そんなものだ。理屈を言う前に、やるべきことは権力を利用するんだ。

石原　その前提として、政治家は、企画力、発想力がないとダメだ。

亀井　ディーゼル車規制もそうだ。都知事の力で東京の空が綺麗になった。国を動かし変えるのは議会やブレーンじゃない。トップの発想力と、そして実行力が重要なんだ。

石原　議会政治制度の中でも、稀（まれ）に立派な政治家が出てくるよ。戦後最良の首相は誰か、人によって評価は違うけど、僕は佐藤栄作だったと思うな。この人は、沖縄と小笠原諸島という日本の領土を二つ取り戻した。

「非核三原則」を唱えながら、ニクソンと沖縄返還を交渉する前に、ジョンソン大統領の時代に佐藤さんは「日本も核兵器を持ちたいからアメリカに協力してほしい」と言ったんだけど断られた。それで次に佐藤さんは西ドイツに「一緒に核兵器を開発しましょう」と水面下で持ち掛けていた。ものすごい二枚舌じゃないか。歴代の総理大臣の中で、佐藤栄作のようなすごい政治家もたまに出てくるんだよ。

亀井　ただ、佐藤さんも官僚出身で、宮澤さんほどではないけど、いささか権威主義的で官僚的な顔つきだった。兄の岸信介さんのほうが親しみを持てた。

石原　確かに岸さんの方が洒脱で達筆、明るく冗談も言うタイプだった。一方で、佐藤さんは岸さんに比べて人間的に不器用な人だった。でも、沖縄返還を実現するなど、実績は仰ぎ見るしかない。

亀井　確かにやったことは立派だった。

石原　僕が政治家になる前、軽井沢で開催された文壇のゴルフ大会で、佐藤さんが顔を出していた。その頃から顔見知りだったから、参議院議員に当選したときはとても喜んでくれた。立候補するとき、佐藤さんは「それは良かったな。これから何かと入用だろう」と五百万円を出してきた。僕は「いや、いりません」と固辞したら、「君ね、選挙はお金がいるんだよ。人からお金をもらうことは、恥ずかしいことじゃない」と言ってくれた。

逗子に住んでいた頃、佐藤さんも鎌倉に別荘があって、週末、ご飯によく誘ってくれた。佐藤さんは人見知りで、会話の内容もぼそぼそと同じ話ばかり。僕が「総理、その話、これで四回目ですよ」と言ったら、押し黙ってしまった。そしたら奥さんが「そうね、石原さん、私は五回くらい聞いたわよ」と（笑）。

亀井　内助の功だな。

石原　佐藤さんは大日本愛国党党首、赤尾敏のことを高く評価していた。どういうわけか、食事の最中、その赤尾敏の話題になった。奥さんが「嫌ですね。銀座に行くと、いつも赤尾さんがいてね、汚い旗を立てて。誰が応援しているのかしら。お金は随分持っているらしいけど」と言ったら、同席していた大津正秘書官が親指を立てて「奥様、これですよ、これ」と、佐藤さんが応援者だということを伝えた。そしたら、奥さんは黙ってしまった（笑）。

佐藤さんが亡くなったとき、国葬にするという話が出た。でも、当時の首相、三木武夫が嫌がって「国民葬」でお茶を濁すことにした。武道館で挙行されたんだけど、佐藤さんを不当に扱ったとして、大日本愛国党の書記長、筆保泰禎が三木の顔を殴打した。三木のメガネが壊れて、筆保は懲役三年の刑に処された。

亀井　そんなことがあった。

石原　佐藤さんには人を引きつける不思議な魅力があった。学園紛争たけなわのとき、機動隊員の一人が悪戦苦闘して死んでしまった。佐々淳行と未亡人の慰労キャンペーンをしたんだけど、佐々が「総理から機動隊に労いのひと言でもあったらありがたいんだけどな」と言ったから、僕が佐藤さんにそのことを進言したんだ。

そしたら、佐藤さんは顔を真っ赤にして「（秘書官の）大津を呼べ！」と言った。大津さんが慌てて来たら、佐藤さんは開口一番「今、石原君から話を聞いた。お前ら、なんで気がつかなかったんだ！　バカモノ！」と激怒した。翌朝、佐藤さんは機動隊のところに行き、労いの言葉をかけた。

亀井　懐の広い人だったんだな。そうだ、石原さん、新時代に相応しい新青嵐会をつくりましょうよ。反トランプ、反習近平、反金正恩、反文在寅の旗を掲げてさ。

石原　確かにそれは面白いかもしれないな。でも、血判状は誰が捺すだろうか（笑）。

第5章 令和の今こそ日本の伝統を守れ！

人間が精神的に衰弱していく時代

石原　「平成」から「令和」に改元されたとき、渋谷で若者たちがバカ騒ぎしていた。

亀井　スクランブル交差点でカウントダウンしたんだね。

石原　あの現象は一体なんだ？

亀井　メディアに踊らされているんだよ。

石原　元号が変わったからと言ってメデタイことばかりじゃない。日本の危機的状況は何も変わらない。アメリカの社会心理学者、ウィリアム・オグバーンは「文化遅滞（カルチユラル・ラグ）」理論を提唱している。技術が進歩しすぎると、情報が偏り、人間の感性が鈍化、摩滅し、純粋な精神性が淘汰（とうた）されてしまう。改元の時のバカ騒ぎこそ、まさにこれ。メディアが騒いで煽（あお）り立てていた。一番問題なのは、若者が本を読まなくなったことだ。小説もスマホで読めるそうだが、何度も読み返して感性と知性を深めることが大事だ。僕の好きな恋愛小説だって、今でも取り出して読むと、若いころに読んだときと同じ感動が蘇る。そういう作業がなくなると、人間の感性が摩滅し、成熟の時代に新しい芸術が誕生しなくなる。

亀井　由々しき事態だな。

石原　技術の進歩は理科系の人間にとってはありがたいことだけど、人文系、芸術系の人間からすると、とてもマイナスなことだ。芥川賞の選考委員を長年務めたが、途中で嫌になってやめてしまった。その理由は、みんな見え透いた話ばかりなんだ。その時の事象で流行っていて、人気の出そうなモチーフばかりを選んでいる。敗戦後、モノがなかったけど、「表現の自由」が生まれた。抑圧されていたものが一気に解放されて、芸術的爆発が起こり、僕や大江健三郎、開高健など新世代の作家たちが多数輩出した。

亀井　映画の世界では黒澤明なんかが登場した。

石原　詩人の谷川俊太郎もそうだ。今はそんな芸術的爆発なんて見る影もない。第一、小説が売れなくなってしまった。それと、スマホで小説を読んでも感動なんて残らない。「いいなあ」と思った場面をもう一度読み返すこともないだろう。

亀井　確かにそうだ。

石原　今の時代を象徴する一番のツールが「ツイッター」だ。百四十字なんて、人間の心情のほんの断片に過ぎないのであって、変に要約されすぎている。人間が精神的に衰弱していく時代に入ってしまった。

亀井　石原さんの指摘通り、ここ二十年を振り返ってみると、すさまじい変化の時代だった。その最たるものがＩＴ革命だ。ＡＩの進展も目覚ましい。その一方で、スマホなどの新しい文明機器に、人類が振り回されるようになった。おそらく今後は、ヒト自体がＡＩの部品の一つになるんじゃないか。文学の世界もＡＩ文学に支配されて、石原さんのような才能が登場しづらくなる。

石原　〝真の教養〟がない時代になるよ。スマホやネットで得る知識は限られたものでしかない。そこから得た情報で物事を知った気でいるけど、深い考察ができなくなる。それと同時に、日本人独特の感性が死んでいく。そうなると、社会全体の発展も阻害されるに違いない。

亀井　その通りだ。「令和」の時代は、一体どうなっていくのか。

石原　「令」には「いいつけ」や「よい」など五通りの意味があるようだけど、解釈が難しい字だな。
亀井　一部メディアや海外では「命令」の「令」じゃないかと、批判的な声が上がった。
石原　上から目線の言葉であることは確かだ。
亀井　下衆（げす）の勘繰りだけど、安倍政権は「我々二人組の命令」に同調せず、逆に「和して従え」という意味を込めたんじゃないか（笑）。
石原　そこまでは考えていないだろうけど、『万葉集』から採用したのはいいことだな。でも、これからの時代、皇室、天皇の存在感がどんどん薄れるんじゃないかと懸念している。
亀井　今のままではそうだ。
石原　戦争中の緊張感、戦後の荒廃と貧困……これらのことを上皇、上皇后両陛下は実際に体験されている。お二人とも戦時中は疎開されているわけだし。僕も共通した体験があるから、七十代八十代は、上皇、上皇后両陛下に親近感を持っていた。でも、これからの若い世代は共通の歴史体験を経ていないから、上皇のことを遠い存在に感じるだろう。
昭和天皇の場合、戦前戦時中は「現人神（あらひとがみ）」と言われていた。ＧＨＱは狂信的に天皇を崇（あが）める日本人の姿を見て、薄気味悪いものを感じたんだ。結局、ＧＨＱの命令で昭和二十一年に〝人間宣言〟をさせられることになった。

亀井　マッカーサーの言いなりになる必要はまったくなかった。そういう意味では残念だ。

天皇は世界で唯一のプリーストキング（祭祀王）

亀井　そもそも「令和」という元号を天皇陛下がお決めになっていないのが、はなはだ疑問だ。今の日本は天皇の存在があって初めて、国として存在している。日本国憲法がなくても天皇は存在しているんだ。

石原　それはそうだ。

亀井　それを日本国憲法に従って、政治家や識者たちが天皇の御代（みよ）を決めるのはおかしな話だ。

石原　天皇だって百科事典的な知識があるわけじゃない。衆知を集めて、「どうですか」とうかがえばよかった。最後に、天皇の良識で判断されればいい。それでも実に民主的な手順を踏んでいると思う。

亀井　朝日は安倍政権が元号制定を通じて「天皇を政治的に利用している」と批判していたが、バカげたことだ。日本人はもっと天皇の存在をしっかり考えなければいけない。考えてみろ、戦争のときは「天皇陛下、バンザーイ！」と言って死んでいったんだぞ。

石原　今の時代に、自衛隊員がそんなことを言って死ぬはずがないだろう（笑）。

亀井　いや、戦争は嫌いだけど、国のために死ぬことはある。そのとき、一番わかりやすいのが「天皇陛下、バンザーイ！」だ。

石原　特攻隊が突撃するとき、みんな「お母さーん」と叫んでいったそうだ。それが当たり前のことだ。終戦直後、大学の法学部本館の便所に落書きがあった。学徒出陣の学生が書いたんだろう、「俺は天皇のために絶対死なない。この戦争は間違っている。日本は必ず負ける」と。あれはとても印象的だった。若者の方がまともな理性を備えていたんだな。

亀井 当時から「非国民」がいたんだ(笑)。私の小学校時代、学校に入ると天皇陛下と皇后陛下の御真影(ごしんえい)が掲げられていた。その御真影を拝(おが)んでから教室に入った。

石原 あの頃の小学校はすべて木造で、火事があると、校長は真っ先に火の粉を掻(か)い潜(くぐ)って御真影を取りに行った。火の回りが早くて御真影を燃やすこともあったが、そうすると、校長は一斉に非難されていた。中には、自殺した校長もいた。

亀井 そういう時代だった。

石原 時代は変わってしまったよ。雅子皇后はキャリア官僚出身だ。ハーバード、東大出身で外務省、それに数カ国語を話すことができる。典型的な官僚の体質を備えた方だから、美智子上皇后と百八十度タイプが違う。

亀井 頭脳明晰な方だから、うまく対応されると思う。そもそも皇室に恋愛の自由はない。立場上、見合う人を娶(めと)らなければいけない。それがあたかも、一般人のように基本的人権があるように扱われている。恋愛の自由があるといって「誰とでもいいから結婚しなさい」となったら、皇室の威厳も何もあったものではない。

石原　でも、いかに皇族でも、自由があっていいと思う。その点、イギリスは自由奔放だな。

亀井　イギリスは王室だ。日本の皇室と王室は似て非なるものだ。

石原　どう違うんだ？

亀井　簡単な話、イギリスの王室は支配者だ。日本の場合、天照大神（あまてらすおおみかみ）の時代から、天皇と国民は同時に存在していた。

石原　日本の土俗的な信仰である神道の家元であることは確かだ。ただ、そうなると、国民にとって観念的な存在になりやすい。昭和天皇は「現人神」と言われていたし、天皇もそれに甘んじているところがあった。それでＧＨＱは不気味がり、さっきも言ったように、昭和天皇は「人間宣言」をするハメになった。

亀井　それは大いに間違いだったんじゃないか。天皇陛下が一般的な意味での人間だったら「象徴」たり得ない。

石原　天皇は世界で唯一のプリーストキング（祭祀王）なんだ。有史以来、おそらく最後のプリーストキングだな。かつては、エジプトのファラオや、ローマ法王がそうだった。

亀井 それなのに、人間宣言によって、本来あるべき皇室ではなくなった。人間になられると権威はなくなり、権力の世界に入ってしまう。そうなると、皇室が続くかどうかすら怪しい。「私は人間じゃない」と拒否すべきだった。それで戦争責任をとることになったとしても仕方がない。今、NHKの〝スクープ〟(田島道治初代宮内庁長官の拝謁記)で、話題になっているけど、サンフランシスコ講和会議締結時に退位されてもよかったかもしれない。

石原 戦争で負けた王様は、古今東西、みな退位か処刑されているよ。日本だけが例外だった。

「令和」は騒乱の時代か

亀井 二・二六事件のときも、将校たちは陛下の「君側(くんそく)の奸(かん)」を討つべく決起したのに、陛下は先頭に立って、その将校たちを処罰してしまった。

石原　秩父宮の存在が大きかったんだ。弘前市の歩兵第三十一連隊第三大隊長を務めるなど、戦闘的な人だった。将校の一部は処刑される間際「秩父宮、バンザーイ！」と言ったそうだ。

　だから、昭和天皇には二・二六事件のトラウマがあって、その後は、軍の言うことをある程度、聞かざるを得なくなった。

亀井　二・二六事件の話をすると、いつも「昭和維新の歌」を思い出す（笑）。

〽汨羅の淵に波騒ぎ　巫山の雲は乱れ飛ぶ　溷濁の世に我起てば　義憤に燃えて血潮湧く――三上卓は素晴らしい詞を書いた。

石原　〽あゝ人栄えて国亡ぶ　盲ひたる民世に躍る　治乱興亡夢に似て　世は一局の碁なりけり……まさに今の時代そのものだ。

亀井　たとえ、敗戦直後に昭和天皇が退位されたとしても、日本が滅んだわけじゃない。「なにくそ！」と言って新しい天皇が登場したはずだ。

石原　それと昭和天皇は靖國神社を戦前はもちろんのこと、戦後もご親拝されたが、一九七五年のご親拝を最後にぷっつりと途絶えてしまった。最後まで続けてほしかったな。

亀井　筋を通さないと、歴史がおかしくなる。そうなると、皇室の存在が希薄になってワケのわからない国になってしまう。

石原　そういう意味で、上皇、上皇后両陛下は違う皇室像を模索したと思う。

亀井　「令和」は騒乱の時代になる。一つは天皇という存在を巡って、さまざまな議論が噴出するだろう。女性・女系天皇論しかり。あとは国際環境の大変化だ。上皇陛下が生前退位をお決めになったのも、マッカーサーの教育が見事に成功した結果だ。「体が良くないので、思うように慰労して回ることができない」――お気持ちは優しくてありがたいことだが、天皇の本来の役割は全国各地をずっと慰労して回られることではない。

国家国民の安寧を常に祈っている、神主さんみたいなご存在。そういう天皇が自ら退くことをされた場合、どういうことが起きるか。今の天皇陛下が「自分より弟の秋篠宮のほうが天皇に相応しいのではないか」と思われてご譲位されたら、どんどん天皇陛下の地位は、ご自身の意思で変わってしまう。そうなると、将来、別の天皇を担ぎ出したり、天皇の地位を引きずり下ろそうということが起きかねない。少なくとも起きる可能性をつくってしまった。天皇陛下は即位されたら、終身おつとめいただくことが大事なんだ。

石原　その通り！　プリーストキングだから、何かあった場合は祭礼に専念して祈ってくれればいいんだよ。

亀井　今回の退位は、そういう意味では、来るべき変化の時が日本に訪れる予兆なのかもしれない。日本が本来持っていた思想が、占領政策の中で洗脳されて壊されてしまった。戦後の民主主義なんていうのは、単なる多数決原理に過ぎない。一番いい方法は多数決原理で決めることではない。

昔から日本は「鎮守（ちんじゅ）の森」を中心に名主や小作人を含めて、みんなでさまざまなことを相談して解決していた。いわゆる「談合」して決めていた。夜を徹して話し合って、どうしてもダメな場合は、最後に無理やりにでも決めてしまう。

石原　でも、下手をすると独裁政治にならないか。

亀井　そうなるかもしれない。しかし、多数決は独裁よりまだマシな制度でしかない。でも、多数決が人間の物事を決めていく場合、絶対的に正しい才識ではない。その運用をしっかり考えていかないと。与野党で徹底的に話し合いをして、それで決まらなければ、与党でバシッと決めればいい。

石原　チャーチルは「民主主義は最悪な政治だ。しかし、結局これしかない」と言ったな。

亀井　まさにそう。バカな人間にとって、よりマシな制度なんだ。だけど、そういう安易な方法をとり続けると人類は滅びる。

石原　日本のまわりの国家は、全部独裁主義になっているよ。中国共産党、北朝鮮しかり。韓国も半ばそうだ。

亀井　日本は衆愚政治なんだよ。石原さんみたいに、少々乱暴ではあるけども、卓越した文明史観を持って政治ができる人間がいないといけない。バカ×バカ×バカが集まって決めたところで、結局、バカの三乗でしかないんだから(笑)。

上皇陛下の人生観

石原　僕も上皇陛下には死ぬまでやってほしかったな。人間誰でも死してのちやむだよ。三島由紀夫と対談したとき、僕は「日本はそのうち共和制になるんじゃないですか」と言ったことがある。そしたら、三島さんが「共和制を唱えるんだったら、僕は君を許さない」と。「許すも許さないもないでしょう。成り行きでなるかもわかりませんよ」と反論した。外国から見たら、天皇の存在はとても奇妙なものなんだな。

亀井　あり得ないほど貴い存在だ。

石原　神話的に天照大神から、しかも男系で血がつながっている万世一系というのも、本当に珍しい。

亀井　女帝もいたけど、男系でつなげているのは世界唯一だ。だけど、憲法に「国民の総意に基く」と書かれてしまったから、変なことになっている。選ばれたわけじゃない。国民とともに天皇は存在したんだ。権力の上にある権威として存在している。

伊藤博文が過去の過ちを繰り返してはいけないと、せっかく皇室典範までつくって終身制にしたのに、そこを変えて、現政府は生前退位を認めた。天皇が、弟君の秋篠宮様に皇位を譲られる可能性だってある。

石原　どうして譲らないといけないいんだ?

亀井　弟君には男子がいる。だから、譲ったほうが皇室は安定すると考えるかもしれない。しかも、これから皇室制度を存続していくためには、天皇自身、自覚していただかないといけない。天皇は人間じゃない。神でもない。「神主の親方」みたいな存在だ。一般市民とは違う。だから、基本的人権や自由があると思われるようになったら、皇室の存続は危うい。

石原　とにかく陛下ほど不自由な方はいないよ。若い頃、上皇陛下は「私は透明人間になりたい」とおっしゃられたが。

亀井　選挙権もない。さまざま自由が制限されるのは、覚悟されないといけない。陛下の場合、自由恋愛だって難しい。皇室の弥栄(いやさか)を考えたら、国民から尊崇を受けるようなお相手を見つけないといけない。

石原　しかし、恋愛に関しては素晴らしい相手（美智子上皇后）を見つけられたけどな。上皇后陛下の妹と、妻は仲が良かったせいで、都知事時代、上皇后陛下からお茶に招かれたことがあった。そこには上皇陛下もおられた。上皇后陛下が「葉山によく行かれますか」とお尋ねになったから、「ときどき行きます」と答えた。上皇后陛下が、「陛下が葉山でシュノーケルで潜られるので、とても心配なんですよ」

「あそこは潮の流れもありませんし、魚もいないから、面白くない海岸です。伊豆半島の下田付近は潜るとなかなか綺麗です。上皇陛下、浅い場所でいいですから、スキューバダイビングをされたらいかがでしょうか。きっと人生観が変わります」

　と言ったら、上皇陛下が、

「はあ……、人生観ですか」

と。このやり取りを聞いていた上皇后陛下と妻が一緒になって笑ったら、陛下は気を悪くされた。そのお姿を見て、「ああ、上皇陛下の人生観なんて、僕たち一般人にはわからないことだ」と思ったな。

亀井　一般市民にわかるわけがない。

石原　昭和天皇にも、いろいろ思い出がある。葉山で友人と散歩していて、御用邸近くを通りかかった。そしたら、陛下は海洋生物を採取されていたようで、桟橋で船から下りられるところだった。陛下を一目見たいと、野次馬が集まっていた。陛下が桟橋をずっと歩いてくる。僕はカメラを取り出して写真を撮った。

そしたら陛下はカメラに向かってポーズをしてくれたんだ。僕はその陛下の姿を見て、思わず「天皇陛下！」と言った。でも、その後、「万歳！」と言うわけにはいかないだろう、思わず「こんにちは」と言ってしまった（笑）。そうしたら、陛下も「こんにちは」とおっしゃった。

亀井　いい話じゃないか。

石原　もう一つ、昭和天皇との深い思い出がある。一九六八年、明治百年記念式典が日本武道館で開催された。僕も参加しようと、少し遅れて行ったら、社会党議員が集まっているところに紛れ込んでしまった。

式典が終わって、ＮＨＫのアナウンサーが「それでは天皇、皇后両陛下、ご退席になります」と言ったら、陛下が下手の演壇から降りられた。会場を抜けようとするとき、二階席から「天皇陛下！」と叫んだので、陛下がパッとそちらのほうを向かれた。そしたら、会場全体が「バンザーイ！」の合唱となった。まるで波のうねりのように会場全体にその声が轟(とどろ)いていたよ。

亀井　その時、私も会場にいたから、よく覚えている。

石原　まわりの社会党議員も、みな「万歳」と叫んでいたよ。「天皇陛下！」と声をかけたのは、末次一郎（沖縄返還の功労者として知られ、晩年は北方領土返還運動にも取り組んだ）だった。あのときの「万歳」は本当に気持ちよかったがね。天皇陛下のために死んだ特攻隊こそ、本当の右翼だし、愛国者だろうな。

亀井　石原さんが少年兵だったら、いの一番に特攻隊を志願しただろう（笑）。あの頃の日本人は国のために死ぬことに対して、何のためらいもなかった。小学生のとき、敗戦を知って、ショックのあまり兄貴を追いかけまわして「一緒に死のう」と迫ったもんだ（笑）。国家のために殉ずるのは、尊い気持ちだと思う。特攻隊の連中は、それなりに幸せだったんじゃないか。今や日本は大国の〝ポチ〟になってしまった。

天皇と同時に国民は存在していた

石原　平成から令和に改元されて日本はどうなるだろうかと聞かれたけど、あまり期待は持てない。眞子様の婚約者、小室圭という男は一体なんだ？

亀井　結婚されるなら、堂々とした日本男児と結婚していただきたい。皇室は国民の財産で生活しているんだから、国民全体に祝福されるようなご結婚をしていただきたい。女性を裏で操るような真似をしたらダメだ。この間、宮内庁の次官に電話したんだ。「お前たち、眞子様をちゃんと教育していないのか。『（小室圭氏に）初めてお会いしたのは二〇一二年』と眞子様が話されたけど、皇室が西暦を使うのはどういうことだ」と言ってやった。

皇室が恋愛を好き勝手にするのも、いかがなものか。皇室は国民の財産で生活されている。そういう方々が自由であるはずがない。国家、国民のために存在しているのだから、好きな人と一緒になれないのも仕方がない。

石原　「不自由であること」が皇室のお立場だ。
亀井　持って生まれた宿命なんだ。皇室にお生まれになったからには、その運命を甘受していただく。「臣籍降下」される場合があるけど、それはそれ。
石原　そういえば、小室は亀ちゃんに雰囲気が似ているな（笑）。
亀井　私のほうがいい男だ（笑）。
石原　上皇、上皇后両陛下は戦中・戦後を生きている。これは大きいよ。我々の世代からすると、陛下としての不思議なアイデンティティがあると感じるよ。
　戦中、父親に連れられて裕次郎と一緒に蔵前国技館の相撲を見に行き、都電に乗って帰った。皇居の前を通ったんだけど、乗客がみな立ち上がってお辞儀をするんだ。裕次郎と一緒に座っていたら、父親が頭を叩いてお辞儀をしろと言う。「なんで？」と聞いたら、「あそこに現人神である天皇陛下がいらっしゃるんだ」「天皇は神様？」「そうだよ」「じゃあ、宮城の中に便所はないの？」と聞いた（笑）。
亀井　天皇は人でもないし、神でもない。天照大神の時代から、天皇は大統領のように国民が選んだ存在ではない。国民と共に天皇陛下は存在している。万世一系で続いているこんな存在は、世界広しと言えども日本だけだ。

石原　〝神道〟という日本独特の土俗的な信仰が天皇を支えてきたのは確かだ。日本の場合は岩や滝、山が神となる。

亀井　八百万の神々だから。鎌倉時代の歌人、西行（さいぎょう）が伊勢神宮にお参りしたとき「なにごとの　おはしますかは知らねども　かたじけなさに　涙こぼるる」と詠んでいる。これこそ神道の真髄だ。

石原　新世代の皇室の顔ぶれを見ても、親近感が湧いてこないんだ。

亀井　今の天皇陛下は素晴らしいお方ですよ。

石原　へえ、どうして？

亀井　上皇、天皇両陛下と、食事の席をご一緒させていただくことがあった。「上皇陛下、こんなゴミゴミとした東京なんかにお住まいにならないで、京都か広島にお住まいになられたらどうですか？」とお勧めした。上皇陛下が「そうですね、京都はいいところですね」と、「広島」はおっしゃらない。ところが、天皇陛下が「広島もいいところですね」とおっしゃってくださった。だから、広島遷都もあるんじゃないかと、密かに期待しているんだ（笑）。

石原　バカ言うな（笑）。

亀井　ともかく天皇陛下への尊崇は日本人のＤＮＡに刻み込まれている。ただ、今の皇室がおかしくなった根本問題は憲法だ。安倍君は九条改正を提言しているけど、中途半端だよ。全面的につくり替えるべきだ。完璧な占領憲法だよ。マッカーサーが占領するために都合のいい憲法をつくった、それが今の日本国憲法だ。

石原　明らかにそうだ。

亀井　第一条で「天皇は、日本国の象徴であり日本国民統合の象徴であって、この地位は、主権の存する日本国民の至高の総意に基く」とバカなことが書かれてしまった。

天照大御神の頃から、国民が選んで「あなたが天皇様です」としたわけではない。先ほども言ったように、天皇と同時に国民は存在していた。天皇は権威であり、その下に権力がある。これで分断せずにやってきたんだ。

石原　憲法改正を議論するのは当然だけど、安倍君を含めて、今の国会議員は、日本国憲法がＧＨＱから押しつけられて成立した経緯をよく知らないんだな。

幣原喜重郎内閣のとき、次の総理は吉田茂になると見込んで、GHQナンバースリーのケーディスが吉田の自宅にやって来た。ケーディスは吉田の前に憲法全文を置いて、「君、これを三時間で理解して、是としたまえ。我々はその間、日向ぼっこをして、原子力の恩恵に浸って過ごすから」と。

亀井 つまり、言うことを聞かないと原爆投下だぞと言わんばかりに恫喝したわけだな。

石原 吉田は渋々了承した。そういう屈辱的な経緯がある。戦後の屈辱感は、いまでも鮮明に覚えている。子どもの頃、逗子に住んでいたけど、海軍大学校があった。そこをアメリカ軍が占拠したから、アメリカ兵がたくさんいた。「水交社」という出征していく士官たちが奥さんと別れを告げるために建てた立派な建物も、すべて黒人兵を相手にした売春宿と化してしまった。その頃、アメリカ兵が日本人女性を引っかける歌があったんだ。

〽もしもし　あのねあのねあのね　もしもし　あのねあのねあのね　あ、そうですか――

そうやって日本人女性をからかっていたんだな。

亀井　私の地元の広島では、女のアメリカ兵を相手にした〝慰安夫〟がいたよ。そういう現実を誰も知らないんだ。

憂慮すべき活字離れ

亀井　御代替わりで日本が元気になるといい。二〇二〇年の東京五輪も一つの処方箋ではあるけど。

石原　二〇一九年のNHK大河ドラマ「いだてん」は二部構成で、一部の主人公は金栗四三だ。金栗は一九一二年のスウェーデンのストックホルム五輪にマラソンの代表選手に選ばれた。ところが、レースの途中、日射病で倒れてしまった。折よく馬車が来て「可哀そうだから助けてあげよう」と、近くの農家に介抱された。お風呂に入ったり、お酒を飲んだりしているうちに五輪は終わってしまった。それに気づいた金栗は恥ずかしくて外に出てこられなかったそうだ。

この金栗のエピソードはスウェーデンでも有名で、「みなさん、もし日本人に会ったら言ってやりなさい。もうオリンピックは終わりましたよ」と、皮肉なジョークも生まれたほどだった（笑）。まさにマラソン難民だ。

亀井　もっと日本が元気になるようにつくってくれないと。だから、視聴率も上がらなかったのかな。

石原　そうかもしれない。

亀井　二〇二〇年七月、オリンピック前に都知事選があるけど、今のままじゃダメだ。都民は女性（小池百合子）のスカートの中に入って安心を決め込むことは、そろそろやめたほうがいい。女性蔑視しているわけじゃないけど、安易に「女性がいい」という、今の風潮は考えものだ。

石原　都知事選の結果が心配だな。

亀井　オリンピックも心配だ。マラソンは北海道でやるというけど、暑さ対策や道路整備は進んでいるのか。このままだと東京中が渋滞状態で、選手が競技場に到着するまで往生するかもしれない。こういうときは、思い切って首都高を片側四車線にしたり、一般道を拡幅することをしなくちゃ。国家百年の計を立てて、それこそ国債を発行してでも実行するべきだ。

石原　それほど交通渋滞は起こらないと思うよ。

亀井　駐車場不足もある。本来なら豊洲市場の移転が早く実行されていれば、築地跡地を駐車場にしたり、都心と選手村をつなぐ環状二号線も完成していた。もう間に合わないそうだから、心配だよ。オリンピックをやるからには、外国人が来て「日本はやはりすごい国だ」と思わせる環境づくりをしなくちゃ。

石原　日本人の優れた能力を考えれば、オリンピックは必ず成功裏に終わる。

亀井　スポーツもいいけど、日本文化そのものを高揚・発信させるためのイベントをやるべきだと思う。政調会長時代、文化振興政策の一環として、文化庁の予算を百億円上乗せした。本来、文化は国がつくるものではなく自然発生的に愛好者の間で繁栄すべきものだ。ところが、日本の伝統文化は、後継者や施設の不足などの理由で断絶の危機に瀕しているものがたくさんある。

石原　いや、文化は金を出したからといって高揚できるわけではない。人間の感性で受け継がれていくものだ。ただ、憂慮しているのは、日本人が字を読まなくなったことだ。このままだと、日本人全体の知的水準がどんどん低下していく。

亀井 うーん、私も活字離れが進んでいるな。

石原 田中角栄のことを書いた『天才』（幻冬舎）が百万部以上売れたが、ある人から「いやあ、『天才』をやっと読むことができました。面白かったです」と感想を言われた。「やっとって、どういうこと？」と聞いたら、「図書館で借りようとしたら、順番待ちで二十七番目でした」と。「そんなに待つんだったら、本ぐらい買いなさい」と言ってやったよ。

亀井 このままだと、ＩＴによって「文化」と言われるものが消失してしまう。日本はソフトとハード両面で守るべきことがたくさんある。石原さん、頑張りましょう。

石原 そうだな。

第6章

「占領憲法」を廃棄して、危機管理の意識を高めよ！

見殺しにされた自衛隊員

亀井　石原さん、『正論』（二〇一九年四月号）に掲載されていた、佐々木勝さん（元内閣官房参与）との対談記事「自衛隊を見殺しにするのか」を読んだよ。

石原　とにかく政府の対応は滅茶苦茶だ。二〇一八年十月、フィリピンでの日米比三カ国の共同訓練に参加した三十八歳の陸上自衛隊員が交通事故で負傷し、命を落とした。なんと、その事故のあと、自衛隊員は現地の病院に四日間も放ったらかしにされていた。

亀井　四日間も⁉

石原　事実関係を確認しようと、佐々木さんと二人で防衛省に行った。ところが、出てきた次官はヘラヘラ笑って逃げ回ってばかり、暖簾(のれん)に腕押しだ。

亀井　逃げ回ることが防衛だと思っているのか！

石原　空自には、機動衛生ユニットを搭載したＣ‐１３０輸送機がある。でも、それを現地に送っていないんだ。次官に聞いたら「いやあ、石原さん、わかるでしょ。許可が下りるのに、なかなか時間がかかるんですよ」と。この答えを聞いて、二人で憤慨して帰ってきた。国会もぼんやりしている。防衛部会も自衛官が一人死んでいるのに弔問すらしていない。

亀井　自衛隊は立場がアヤフヤなところがあるからな。

石原　かつて、外交調査会の会長だったとき、パラオの海で優雅に遊んでいたら、電話がかかってきた。「カンボジアのポル・ポトが倒れたあとの自由選挙の管理、監視のため、自衛隊員とボランティアの方々が現地に行ったのですが、ボランティアの一人がポル・ポトの残党に射殺されました」という話だった。外務省の役人が来て、「まず事実関係をお話しします」と。それで「いやあ、死んだのが民間人でよかったですよ。自衛隊員が死んでいたら、大変でしたからね」と言う。「バカ野郎！」と叱ってやった。

とにかく、とても曖昧な地位しか与えられていない自衛隊員が、軍事作業の途中で死亡したりするのは大変なことなんだ。それに日米で合同演習をしても夜戦演習をしないから意味がないだろう。

亀井　戦争をしない立場にあるから、そうなる。不思議な話じゃないんだ、情けない国だよ。

交戦権がない自衛隊

石原　自衛隊は交戦権がない。銃をみだりに撃つなと言われている。

ソ連軍のベレンコ中尉がＭｉＧ‐25という最新鋭の戦闘機で、一九七六年九月、函館空港に強行着陸して亡命を図ったことがあった。最新鋭機だから、ソ連が取り返しにくるかもしれないと、司令官が高射砲を並べた。結局、ソ連は取り返しに来なかった。

そのあと、栗栖弘臣（くりすひろおみ）統合幕僚会議議長（当時）が『週刊ポスト』誌上で「現行の自衛隊法には穴があり、奇襲侵略を受けた場合、首相の防衛出動命令が出るまで動けない。第一線部隊指揮官が超法規的行動に出ることはあり得る」と超法規的措置を認めろという発言を繰り返した。政治問題化し、時の防衛庁長官、金丸信は文民統制に反すると批判、栗栖氏をクビにしてしまった。

亀井 ただ、実際に戦争状態になったら、今の自衛隊員のほとんどがやめてしまうだろう。もう、日本はそういう国になってしまった。

石原 参議院議員の佐藤正久が、自衛隊隊長時代、イラクに派遣された。隊員が二百〜三百人いたが、駐屯地にどんどん爆撃機が飛んできた。抵抗手段がないから、ただ布団をかぶって震えながら寝るしかない。結局、その後、数十名は嫌になって自衛隊をやめてしまった。

二〇〇九年、ソマリアに派遣するときも、辻元清美が「怪しからん」とギャンギャン喚いた。それで彼女が設立したピースボート（国際交流を目的として設立された日本の非政府組織。もしくはその団体が主催している船舶旅行の名称）の連中に「自衛隊を監視しろ」と現地に行かせたんだ。自衛隊の艦船だと思って見張っていたら、ソマリアの海賊船だった（笑）。それで怖くなって、自衛隊に「私たちを助けてください」と頼んだ。海自も困って本省に連絡したら、警察法に則って、海賊船が襲ってきたとき、禁錮三十日以上に該当するような行動には対処しろ、と。軍隊が警察法に則る国がどこにあるんだ。

亀井　現地の指揮官がダメだよ。法律が何であろうと関係ない。日本人を守るために、日本軍が行動するのは当たり前の話だ。

石原　でも、勝手に行動したら、栗栖さんみたいにクビだよ。

亀井　クビになればいい。それくらいの覚悟が必要だ。

石原　有事の際は、人間として本能的に対処すればいいんだ。

亀井　法治国家だから法律に基づいて行動するのが原則だ。でも、法律はすべてをフォローしているわけではない。時には、日本男児として法律外の行動を起こさなければならないときがある。緊急避難の場合だ。その代わり、処罰を受けたとしても致し方ない。

石原　二〇一〇年九月、尖閣諸島沖で中国漁船が海上保安庁の船に激突してきた。その映像を当時、海上保安官だった一色正春さんは、勇気をもって、インターネットに動画を公開した。その動画のおかげで、多くの日本人が中国人の暴挙を知ることができた。でも、一色さんは結局クビになってしまった。一方で、当時の菅直人政権は確保した中国人船長を、すぐ中国に送還してしまった。

亀井　帰してしまっちゃいかん。

石原　仙谷由人内閣官房長官（当時）が決断した。そう言えば、菅内閣に亀ちゃんもいたんじゃないか（笑）。

亀井　いやあ、責任がある（苦笑）。

石原　第一、危機管理について、今の日本はまったくできていない。自衛隊の中に一人も衛生兵がいない。モルヒネが持てないんだ。アメリカ兵は誰でも持っている。ベトナム戦争のとき地雷を踏んで片足が吹っ飛んだら、すぐモルヒネを打って痛みや苦しみを緩和させた。日本の場合は縦割り行政だから、厚労省が絶対に嫌がって、普通の民間人にモルヒネを持たせようとしないんだ。

亀井　そんなバカな話はない。

石原　佐々木さんが自衛隊にアドバイスしたそうだけど、まったく言うことを聞かなかったそうだ。

亀井　もともと戦争をする気がないから、モルヒネを持たせようとしないんだ。

石原　佐々木さんは内閣官房参与としてモルヒネの必要性を訴え続けて、ようやく二〇一八年十月に衛生兵にモルヒネを持たせるようになった。

亀井　石原さんの粘り勝ちだな。

石原　イラクに派遣したが、敵が攻撃してきても、自衛隊は撃ち返すことができない。先述したように、テントの中で布団をかぶって震えながら寝ているしかないんだ。誰が守ってくれたかといったら、スウェーデンの兵隊だった。日本には交戦規定がない。この規定がない国は、世界広しと言えども日本だけだろう。

亀井　そういう自衛隊を、アメリカに出せと言われて、ホイホイ出すのが間違っている。出さなければいいんだ。「国際貢献」の名の下に、ポチのごとく派遣しているからおかしなことになる。

石原　イラクでしていたのは道路整備くらいだろう。『イラク日誌』を公にしたくないのは当たり前だよ。

亀井　戦場に行って、戦争しないのはおかしい。バカなことをしている。いびつな国になってしまった。

石原 とにかく一日でも早く自衛隊を合法的に位置付けるべきだ。安倍君にも何度も直訴しているんだけどな。

蟻の一穴から憲法改正を

石原 現行憲法はとてもじゃないが許容できない。BSフジ『プライムニュース』に出演したとき、最後に提言を書けと言われ、「完全自立」と書いたんだ。僕が願うのは、それしかないな。

ドイツは敗戦のとき、三つの条件をつけて降伏した。一つが「ドイツの国家の基本法である憲法はドイツ人自身がつくる」。もう一つが「戦後の子弟の教育方針はナチズムへの反省を込めて、ドイツ人自身がつくる」。最後に「いかに数が少なくても国軍を保有する」。この三つの条件を呑まなければドイツは降伏しないと主張し、連合軍は最終的に受け入れた。一方、日本は原爆で腰を抜かして〝無条件降伏〟してしまった。

亀井　今、「憲法改正」と言うだろう。シンゾーは「自主憲法制定」と言わなきゃいかん。それを言ってはじめて、岸信介以来、安倍家に伝わってきた歴史観、国家観を継承することになる。

石原　まさにその通りだな。

亀井　ただ、今の憲法は明治憲法の改正条項を使っているから、手続きは改正でも構わない。でも、自主憲法だと明言すべきだ。シンゾーがそのように言わないと、国民の心に憲法改正の必要性が響かない。

石原　そうだな。政治家を含めて大方の国民は現憲法成立の屈辱的な過程をほとんど知らないからな。

亀井　今の憲法なんて廃棄しなければダメ！　自主憲法を制定しなければいけない。どうして自民党もそう言わないのか。改正じゃないよ。占領軍が与えたものは、独立したら廃棄しないといけない。

石原　吉田茂の責任だよね。

亀井　平和主義や基本的人権の尊重など、いい面は取り入れればいいけど、九条二項がどうだこうだ、とくだらない改憲論議をしている。やるんだったら、「こんな占領憲法は破棄する。我々は自主憲法をつくる」――そこから始まる。

石原　そのほうがわかりやすいし、国民が納得するよな。

亀井　どうしてそういうことをシンゾーが言わないのか。まったく頼りない。

石原　維新の会党首のとき、二〇一四年十月三十日の国会（衆院予算委員会）で、「安倍さん、憲法の前文を見ると、助詞の間違いがたくさんある。たかだか助詞と思うかもしれないけど、非常に大事な言葉なんですよ」と言ったことがある。

永福門院（えいふくもんいん）（一二七一～一三四二年／伏見天皇の中宮）の歌で、

「真萩（まはぎ）ちる　庭の秋風身にしみて　夕日の影ぞ　壁に消えゆく」（『風雅集』秋上）

という、天皇の寵愛を失って慨嘆している女性が詠んだとても美しい和歌があるんだ。

この和歌を、日本文学者のドナルド・キーンさんだったかが、英訳したものを見せてくれたんだけど、「でも、あそこの一字だけはとても難しくて、英語に訳すのはまず無理ですねえ」と嘆いていた。私も「あれは難しいでしょうな」と。まるで禅問答のようだった（笑）。「夕日の影ぞ」の「ぞ」。この間投詞が、なんとも言えない響きを持って、じーんと胸に沁み込んでくる。これこそが和歌の神髄だが、助詞もそれと同じ。

ところが、日本国憲法の前文を見ると「平和を愛する諸国民の公正と信義に信頼して……」とある。金を貸すときは「あなたを信頼して」と言うけど、「あなたに信頼して金を貸す」とは言わないだろう。安倍君に、「この『に』の一字だけでいいから、国文学者に言わせて『を』に変えるよう発議してくれないか。その蟻の一穴から、敗戦後七十年にして、ようやく私たちは自主憲法の制定につながる」と言った。そうしたら、安倍君、困っちゃった（笑）。「いやあ、石原さん、それは『忍』の一字です」とうまいことを言われて、かわされたよ。

亀井 石原さんが指摘しているのは、現行憲法の問題の本質の尻尾なんだ。とにかく日本は憲法を変えて「やるべきときにはやる！」という姿勢と意思を見せなければダメ。

石原 まあ、世間は安倍君の外交はよくやっていると言うけど、それは当たり前のことでね。安倍君の能力と力量ではなく、彼が背負っている日本という国の力なんだよ。日本の国力は端倪すべからずなものがある。日本が持っている潜在的な技術力も素晴らしい。

たとえば、フジテレビ報道局解説委員の能勢伸之君に話を聞いたことがあるけど、日本の「はやぶさ」のように火星まで行って砂を取ってくるような探査機を開発する科学技術を持った国は滅多にない。だから、日本で新しい宇宙戦略兵器ができるかといえば、それはできる。ただ、いろいろな国も狙っているから、そこで日本がイニシアチブを取って開発すれば、世界をリードできるし、中国やロシアなんか怖くない。そういうことを政治家がもう少し考えてくれればいいんだけど、そんな発想力はないんだよな。

〝カラス天狗〟みたいなカルロス・ゴーン

石原 日産のカルロス・ゴーンの一件を見ると、日産は植民地化されたとつくづく思う。フランスのマクロン大統領まで日産を自国のものにしようと乗り出してきただろう。

亀井　日本はまだ独立できていないんだ。私が金融大臣だったとき、高額報酬一億円の人間は開示することを義務づけた。

石原　民主党政権のときか。

亀井　そう。なぜ、そうしたかというと、民間企業で役員以上になったら社会的存在であるから、どういう報酬を得ているか公にすべきだと思って、一億円以上の場合は開示することにした。ところが、今回、ゴーンがそれに引っかかった（苦笑）。

石原　ゴーンに会ったことがあるけど、やたらと自信満々で、偉ぶっていて不愉快な男だった。〝カラス天狗〟みたいだな（笑）。

亀井　まさしくそうだ。今回のゴーン問題で、日産自体に企業統治能力がないことを露呈してしまった。

石原　そうだよ。ただ、ゴーンが来る前に、日産そのものをガタガタにした経営陣がダメなんだ。昔は川又克二さんや石原俊(たかし)さんと、立派な社長がいたのに。

亀井 日産は労働組合が強かったろう。自動車総連会長だった塩路一郎が権力を握っていた。

石原 あいつは悪いヤツでね。一度、嫌がらせで、工場のラインを止めたりしたんだ。さすがにまわりの労働組合員からの反発があって、後に塩路は追われることになった。ただ、塩路の独裁的な影響力は強かったと思う。

亀井 日産の凋落（ちょうらく）はそこから始まったな。

石原 塩路はたまたま僕の選挙区に住んでいて、選挙の手助けもいろいろとしてくれた。ところが、僕が当選したその日に呼び出すんだ。カラオケに付き合えと。激戦区を勝ち抜くことができたし、助っ人を頼んだ手前、嫌々ながら付き合ったけど。三河湾に浮かぶ日間賀島（ひまか）で組合の大会をしたことがあるんだけど、塩路は大きなヨットを持っていた。

亀井 労働貴族だな。そもそも民社党自体がその民間会社の労働貴族の上に乗っかっていた政党だった。

石原 それでゴーンが来て、人員整理やコストカットなどわかりやすい改革を実行したものだから、まわりはすっかり騙されてしまった。

亀井　しかも、自分の懐だけ豊かにする――こんなのは経営者の在り方に悖る。今はゴーンのような〝カラス天狗〟ばかりだ（笑）。

石原　本当にそうだよ。

亀井　日本まで飛んできて、勝手なことばかりしている。今や日仏戦争状態だろう。嫌がらせに竹田恆和JOC会長に汚職があったと、フランスが本格的な捜査を始めたりもした。これは完全にゴーン逮捕に対するフランスの意趣返しじゃないか。オリンピックは公然たる事実として、贈収賄が絡むものだ。そこをわからないと。

石原　亀ちゃんの言う通りで、現IOC会長のバッハなんかも、金を使いまくっている。ベンツのGMを務めていて、会長選のとき、アフリカの小国にまで四十台ほどベンツを配って当選したそうだよ。

亀井　やめてしまった竹田さんは日仏戦争の犠牲者になってしまった。ゴーン逮捕の腹いせだよ。

石原　気の毒なことだ。東京五輪招致で一つ思い出がある。二〇一六年開催に向けて、デンマークに二〇〇九年、最終プレゼンテーションのために行った。その前にイギリスのロンドン大学で、元イギリス代表のセバスチャン・コーに会った。有名な中距離の選手で、とっつきの悪い男だった。最終投票で負けたとき、そのコーが、わざわざ東京チームのブースまで来てくれて、「残念だったな。あなたたちのプレゼンテーションは一番素晴らしかった。だけど、オリンピックなんてこんなものだ」と肩をすくめて去っていったよ。この言葉に、僕はとても救われた。

亀井 今のオリンピックは商業主義に堕してしまった。やる意味があるのかな。広島とか地方でやるならわかるけど(笑)。

石原 東京都の財政が五年で四千億円の貯金を実現できたから、オリンピックをやろうと決意したんだ。国が盛り上がるのはいいことだよ。

亀井 とにかく、今の日本は、ゴーンのような外国人勢力に対して跳ね返すだけの気迫が弱くなったように思う。

石原 拉致問題だってそうだ。

亀井 石原さんが総理になっていたら、こんなことにならなかったのに。

石原慎太郎暗殺計画

亀井　私が最近、むかっ腹が立ったのは、オウムの処刑の時だ。豪雨被害が拡大しようとする矢先、法務大臣（当時）の上川陽子が酒席の場にいて、その様子をツイッターであげていた。しかも、オウム真理教の教祖、麻原彰晃（本名：松本智津夫）をはじめ、幹部七名が一挙に処刑されたその前日でもあった。

石原　そんなに怒ることか。

亀井　法務大臣で死刑執行を命じた者が、人の命を奪おうとするときに、酒席の場にいるなんて不謹慎極まりない。どんな悪い奴でも手を合わせて、死刑囚の冥福を祈るべきだ。だから、直接、上川に電話して叱責した。

石原　立憲民主党の枝野たちも災害中に飲み会を開いていたと報道されていたじゃないか。ところで、麻原はあるインタビューで、尊敬する人間を三人あげた。一人はヒトラー、もう一人はスターリン、もう一人は僕だって（笑）。

亀井　あり得るな（笑）。

石原　なんでだよ。冗談じゃないよ。僕は独裁者でもなければ、天馬空を行くような男でもない。しかも、麻原は僕を殺そうとしたことがある。

亀井　何ッ！　本当か。

石原　地下鉄サリン事件の後、麻原はじめ手下が逮捕されたろう。その頃、僕の家のまわりにガラの悪い男が写真を撮ったり、隣の家の塀に上ってのぞき込んだりしていた。僕が「なんですか？」と聞いたら、「神奈川県警のもので、逮捕した信者の一人が、石原慎太郎暗殺を計画していたと自供したので、その裏を取るために捜査に来たんです」と。

亀井　それは本格的だな。

石原　オウムが一九九〇年、真理党として衆議院選挙に打って出た。渋谷で僕が演説していたとき、麻原の弟子たちが「ショーコー、ショーコー」と歌ってうるさかった。「うるさい！　麻原！」と言っても知らん顔だ。そこで僕のケンカ仲間が、バットを持っていって、スピーカーを殴りつけたんだ（笑）。麻原は本当にとんでもない奴だったが、どうして、あんな男に多くの信者が騙されて、テロまで仕出かすようになったのか不思議でしょうがない。

亀井　いや、新興宗教の教祖には、例外なく霊能力があるんだよ。なかったら教祖になれない。

石原　麻原には、どういう能力があったんだろう。

亀井　それはわからない。

「狂気」が時代を動かす

石原　『巷の神々』（一九六七年／ＰＨＰ研究所）という本を出したことがある。神秘体験と心霊現象をテーマにして、産経新聞で連載したのをまとめたものだ。大評判になって、愛読者も多数いる。この本の執筆のために、ありとあらゆる新興宗教の教祖に会った。本当に不思議な体験話を聞いたんだ。

産経新聞の会長、水野成夫さん（故人）は僕の親代わりだったけど、その水野さんが「大本教の出口王仁三郎（でぐちわにさぶろう）も、変な力があったんだよ。今、財布の中に金がいくらあるか知っているか。小銭も含めると、大概の人間は知らない。でも、出口は他人の財布の中身を、全部言い当てることができたんだ」と言っていた。

亀井 そういう人間はいるよ。岡山に真言宗金毘羅尊流（こんぴらそんりゅう）という新興宗教がある。教祖に超能力があったから、多くの信者が集まるようになった。私が国政選挙に打って出たときに、その方に会った。

「私は地元で泡沫（ほうまつ）候補以下の扱い。新聞も報道してくれない。地元を回っても、有力者からのプレッシャーでどこも扉を閉められてしまう」

そう言ったら、私の目を見て、

「亀井さん、何の心配もいらない。あなたは絶対に当選する。しかも、四千～五千票の差だ」

と言われた。数字も本当に同じで勝ったんだ。さらにすごかったのは、投票日当日の朝にわざわざ岡山から私の地元に来て、「祝　ご当選！」というお祝書きを持ってきてくれた（笑）。とにかく教祖様は絶対の自信だったんだ。

石原　今東光の奥さんが奇病にかかったことがあった。毎夜、夜中の十二時になると胃が痛くなって七転八倒するんだ。それが二カ月も続いた。河内物語で有名な人物がやってきて、「先生、お宅の大黒さん（僧侶の妻のこと）、体が持ちまへんわ。何かわけがあるに違いない。茨木に弁天様と言うて、偉い人がいるから見てもらいなはれ」と言ってきた。

誰かと聞いたら、辯天宗の宗祖、大森智辯のことだった。ものすごく霊視能力があると聞いて、今東光は大森先生のところへ行った。会った途端、大森先生が「あらあら、先生、そんな無縁さんを背負うてどうしなはる。奥さん、助かりまへんで」と言われた。「先生、最近、外国から何か、容れもののようなものを持って帰られませんでしたか。その因縁もあるわ」

沖縄にパナリ焼という豚の血を混ぜてつくる容器がある。土俗的で、なかなかいいものらしい。ある家に遊びに行ったら、パナリ焼の立派な壺があった。今東光は骨董品になると目がないから「くれないか」と聞いたら、「先祖の骨が入っているから駄目だ」「別の壺に移せばいい。私がお経を唱えてやる」と言って、読経をして、壺の中身を移し替えた。それが問題だったらしい。

亀井　そういうことをしちゃいかんよな。

石原　さらに大森先生は「あなたの今、住んでいる家の庭にあちこちから集めた小さな仏像を据えているやろ。そのうちの大事な仏像の下に不浄なものが埋まっていて、それが祟っている」と。そう言われて、今東光は庭の大きな仏像の下を掘ってみたら、前の家主が飼っていた犬の骨が出てきた。それを取り除いたら、その晩から奥さんの奇病がパッとやんでしまった。

亀井　そういうことはあるだろう。

石原　僕自身も体験している。以前、逗子の家を売ろうとしたら、なかなか買い手が見つからなかった。そんな悩みを抱えているとき、大森先生に会った。家のことは何も話していなかった。ところが、大森先生がいきなり、

「あらあら、石原さん、あなたタフガイだと思っていたら、案外気が弱いのね。困ってることがあるやろ。家が売れないんでしょう」

「はあ、そうです。なかなか買い手が見つからなくて」

「売れますよ。それも期日の二日前に売れます」

そしたら本当に二日前に売れた。おそらく麻原も何かしら超能力があったと思う。

亀井　そうだろう。とにかく宗教は恐ろしい。キリスト教だって魔女狩りで多くの人間を殺した。「狂気」が時代を動かすことがある。政治だって狂気だよ。今の時代は狂気がないから、みんな、ボヤーンとしている。

石原　別の言葉で言えば「思い込み」だな。思い込みがなくなっているんだ。

亀井　自分の頭で考えて、それを大事にして突っ込んでいくことがなくなった。

石原　テレビで、麻原が生前、説教している録音テープが流された。何も勿体（もったい）ぶった話し方をしていない。陰々滅々だったり、荘重な感じではまったくない。本当に普通の話し方で、よくこれで人の心をつかむことができたなと思った。

亀井　何かしら奇跡を起こすから人々はついていく。キリストやブッダもそうだった。新興宗教の教祖だって同じだ。だから、オウムの信者は洗脳されて、麻原の命令に唯々諾々（いいだくだく）と従って、人殺しなどを平然と行うことができたわけだ。だから、宗教は怖い。

石原　フランスの哲学者、アンリ・ベルクソンは神秘的なものを信じ切っていた。心霊術の本を書いてもいる。僕は小林秀雄さんに可愛がられて、いろいろな話をしたんだけど、「お前、ベルクソンを読んだことがあるか」と言われた。

「いや、読んだことがありません」

「ベルクソンを読まなければダメだよ。読まなければ人間のことなんかわからない」

それで彼の本を何冊か買って読んだんだけど、これが難しくてしょうがない（笑）。

亀井　私も奇跡を実際に体験したことがある。メキシコのロス・カボスに遊びに行ったとき、サンドバイクで走っていたら、先導者が横に曲がったんで、私もハンドルを切ったらついていけず、二百メートルの断崖絶壁から真っ逆さまに落ちてしまった。幸い二十メートルくらいのところにあったサボテンに引っかかって奇跡的に助かったんだ。

石原　ハリセンボンにならなかったのか（笑）。

亀井　体に刺さった大きな針を抜くのは大変だったな（笑）。予期しないことが人間の身には往々にして起きるんだ。

第7章

あの戦争の敗戦の屈辱を忘れるな！

旭日大綬章を受章した二人

石原　亀ちゃん、旭日大綬章か……。

亀井　石原さんは二〇一五年にもらったろう。

石原　そう、最年長だから、みんなの代わりに、上皇陛下にご挨拶をすることになった。家族から「感動しましたか」と聞かれたけど、感動するわけがない。長く政治家を務めていたら、誰でももらえるんだから（笑）。「そんなこと言わないほうがいい」と言われたけど。

亀井　かわいくないね。実は受章を固辞していたんだ。ところが、内閣府から「そう言わずに」と言ってきた。今の叙勲制度は、私の問題提起がきっかけで整備された。酒でも一級酒、二級酒はない。人間も一等、二等と等級をつけるのは何事かと、それで階級制をやめさせたんだ。

今回は「亀井先生がつくったものだから、嫌だ、嫌だと言うのはおかしいですよ」

と口説かれてね。もらっても税金がかかるものでもないし。

石原　かつて佐藤栄作が大勲位菊花大綬章(だいくんいきっかだいじゅしょう)を受章した。「すごいですね。最高の勲章です」と言ったら、「いや、石原君、まだもう一つ上があるんだよ」と言う。大勲位菊花章頸飾(けいしょく)だ。本当に欲しそうに言っていて、「政治家ってのはしょうがないな」と思ったよ(笑)。

亀井　その勲章は皇室関係者が主だけど、没後に佐藤さんに贈られた。夢がかなったわけだ。

石原　僕は勲章よりもヨットレースで勝ったカップのほうが誇りだ。そもそも作家の僕に文化勲章をくれないほうがおかしい。

亀井　文化的な功績がないからだろう(笑)。

石原　バカ言うな、僕の文学は日本文化を攪乱(かくらん)したんだ。

亀井　石原さんの文体は極めて特徴的だ。私はこう見えて、昔は文学少年だった。椎名麟三、野間宏が好きだった。

石原　二人とも左派だな。

亀井　私もかつては左寄りだった。

石原　それで修道高校を追放されただろう。

亀井　通学定期券の購入に必要だった通学証明書の発行が有料になると知って、「ふざけるな！」と。授業料を払っているんだから、証明書をタダで出すのは当然だと訴えただけだよ。

石原　それはおかしいな。

亀井　だから、校門で一人、ガリ版でビラをつくって撒いた。そしたら、問題になって、高校一年の三学期、退学になった。その後、兄貴を頼り、東京の高校に転校することになった。都立日比谷高校や都立九段高校の転校試験を受けたけど、歯が立たない。名前しか書けなかった（笑）。

石原　本当か⁉

亀井　五つの高校を受けたけど、まったくダメ。最後に受けた都立大泉高校は面接があった。両角英運校長が「亀井君、名前しか書いていない。これじゃ入学はダメだ。どうする？」と聞かれた。「もう受けるところがありませんから」と言ったら、「そうか。

じゃあ、心を入れ替えて勉強するか？」「はい！」と（笑）。それで入学することができた。天佑神助（てんゆうしんじょ）とは、このことだ。

石原　いい学校だな。

亀井　運輸大臣になったとき、すでに故人だった両角先生の自宅を訪ねて、仏前で手を合わせた。「一昨日、運輸大臣の辞令をいただきました」と。今の自分がいるのは両角先生のおかげだ。ただ、高校三年のとき肺浸潤（はいしんじゅん）を患って、思うように勉強できなくなった。それで一年浪人して、東大に入ったんだ。

石原　僕も一年浪人している。湘南高校だったけど、戦前・戦中は海軍兵学校に行って立派な海軍士官になるために一所懸命勉強しろと言っていた。ところが、敗戦になった途端、「東大に行って、大蔵省に入り役人になれ」と言い出す。大蔵省理財局長、横浜銀行頭取の経歴を持つ伊原隆こそ出世頭だと。「くだらない学校だな」と思って、登校拒否になった。

勉強できる奴らは、みんな東大に入って官僚になった。僕が大臣になった後、書類を持ってくるのはそいつらだった（笑）。

亀井　かつて、石原さんの同窓会に連れていってもらったけど……。

石原　みんな老けたよ。一人だけ商社でイランの油田開発にかかわっていた人間がいた。イラン革命によって、すべてが無に帰したけど、淡々としていた。そんな中、狂犬のような亀ちゃんが闖入してきたものだから、みんなびっくりしていたよ（笑）。

亀井　私が歌うとキョトンと……。

石原　事前に「亀井君の歌を聴いて驚くなよ」と通告していたけどな（笑）。亀ちゃんの歌は音痴を通り越して、乱暴なんだ（笑）。よくそれで専属バンドなんて持っているもんだ。これがまた下手クソでしょうがない（笑）。

亀井　石原さんは音感がないから困る（笑）。私の歌を聴くと、ツンと澄ましたセレブのご婦人たちも涙をボロボロ流す。

石原　同情の涙だろう（笑）。

亀井　冗談じゃない！　私の歌は女性の子宮に響くんだ！

石原　一度でいいから、亀ちゃんの歌声をＮＨＫで流してほしい。

亀井　今に見てろ、紅白で歌ってやろうか（笑）。

「太平洋戦争」を知らない若者

石原　だいたい日本と日本人は、どうしてこんなにも下らなくなったのかね。国会も政治家も、テレビのコメンテーターもロクでもない奴らばかり。

亀井　戦争に負けたんだから、しょうがない。

石原　戦時中の記憶とか戦後の屈辱の記憶を持った人間がだんだんいなくなってしまったな。僕の脳裏には濃厚に残っているが。

亀井　学校教育では近現代史を教えない。たまに教えても〝自虐史観〟だけ。だから、戦争の本当のことを知らないいんだ。

石原　坂井三郎というゼロ戦の撃墜王がいただろう。外国人記者クラブで坂井さんの話を聞いたことがある。冒頭、「私はご覧のように片方の目が見えません。戦争でなくしましたが、まったく恨んではいません。あれは素晴らしい戦争だったのです。あの戦争によって有色人種はすべて解放されたじゃないですか。私は戦争に参加したことを誇りに思っています」と。

亀井 いい言葉だな。

石原 坂井さんの話を聞いて、僕一人だけ拍手した。テーブルに座っていた若いアメ公のジャーナリストが、パッと僕のほうを振り向いて睨(にら)みつけ、指をさして肩をすくめた。それで何やら紙に書いて、「石原に渡せ」と、僕に紙が回ってきた。

亀井 何て書いてあったんだ?

石原 「Ishihara, You are a ultra rightist, lunatic(石原は極右で気違いだ)」と(笑)。

亀井 どんぴしゃりだ(笑)。

石原 思わず笑うしかなかった。なんだか、その記者が可愛くなったな。講演の後、坂井さんに挨拶を交わして知遇を得ることができた。後日、坂井さんから面白い話をいろいろ聞かせてもらった。

「私はショックを受けました。中央線の下りに久しぶりに乗っていたら、男子学生が二人、目の前に座ったんです。私はこの頃の若者はどういう話をするのか、と思って黙って目をつぶって、耳を澄ましていた。片方が『お前、知っているか。日本はアメリカと戦争したことがあるんだぞ』『え⁉　マジかよ、お前。どっちが勝ったんだ?』と話していました。私は愕然とし、座っていられなくて次の駅で降りました」

坂井さんは高円寺駅で降りた後、気持ちを落ち着かせるために、タバコを二本続けて吸ったそうだ(笑)。

亀井　いやあ、驚くよ(笑)。今の教育では近現代史をほとんど扱っていないからな。

石原　太平洋戦争を話すことすら禁忌(タブー)になっている。

亀井　靖國神社がどうして存在するのか、それすらもわからないだろう。歴史の断絶が起きているんだ。

塩味あんこのおはぎとチョコレート

石原　百田尚樹さんの『永遠の0』や『海賊とよばれた男』には、日本人のアイデンティティがよく描かれていると思う反面、世代的なギャップを感じる。それは僕のような戦争体験や、戦後の屈辱的体験がないことだ。

亀井　それは当然だろう。

石原　いい悪いという話じゃないけどな。かつて（一九六六年）、読売新聞からベトナム戦争の視察を頼まれたことがある。「クリスマス休戦」で四十八時間に限って休戦になった。前線の基地からサイゴンに引き揚げてくる途中で、沿道にベトナムの子供たちが並んで、米兵に物をねだっていた。米兵はキャラメルやチューインガムを投げていた。

僕も同じ体験をしたことがある。中学時代、逗子・葉山から学校に通っている連中と一緒に逗子駅に着いたら、横須賀線の下りに米兵が乗っていた。米兵は僕たちを見るとチューインガムやチョコレートをばら撒いた。友達は慌てて拾い集めていた。僕は「やめろ！」と言って、黙って立って見ていた。電車が去ったあと、ムラタという男が何ともバツが悪かったのか、自分の拾ったチョコレートを半分割って僕に無理やり渡した。仕方なくもらいつつ、やはり食べたい気持ちがどうしても湧いてくる。ただ、みんなを制止した手前、衆目の前では食べられない。人気のない道に入って、そこでこっそり食べた。鮮烈に甘くておいしい味がした。

亀井　その味は生涯忘れられないだろう。

石原　僕の又従兄弟が海軍兵で出撃する前に、挨拶に来たことがあった。「死ぬ覚悟だな」と僕は感じた。母親も同じ気持ちだったのか、餞別(せんべつ)としておはぎをつくった。戦争中に、おはぎみたいな甘いものが食べられるのか、と期待していたら、砂糖がないから塩でつくったものだった。塩味あんこのおはぎ……チョコレートを口にしたとき、その味がパッと思い出された。体中が痺れたよ。心底「ああ、日本は負けたんだ」と思ったね。

亀井　大きな体験だ。

石原　敗戦から一年後、米兵が逗子のまわりにたくさん駐留していた。辻堂・茅ヶ崎海岸は、アメリカ軍の演習地で、沖にある烏帽子(えぼし)岩を軍艦に見立てて砲撃の訓練をしていた。

八月の暑い日だった。学校から帰ってきて、逗子の商店街を歩いていた。そしたら、反対側から若い米兵がアイスキャンディーをしゃぶりながら闊歩(かっぽ)してくる。買い物をしていた奥さん方が、みんな怖がって商店街の軒下に身を潜めて見ていた。米兵はその姿が愉快だから、手を振って威風堂々といった態だ。僕は悔しいから、知らん顔をして道の真ん中を歩いていった。そしたら、通りすがりの米兵が、いきなりアイスキャンディーの棒で僕を殴った。ケガは特になかった。

その出来事が評判になり、次の朝、電車に乗って学校に行こうとしたら、おじさんたちが「石原君、大丈夫か」と聞いてきた。大ケガをしたという噂が立ったらしい（笑）。「いや、大丈夫です」と答えたら、「無理するなよ、君」「はい」と苦笑いするしかなかった。十日後、その噂が学校にまで伝わった。教頭と四人の先生に呼び出され、校長室に連れ込まれ、説教を受けた。

亀井　殴られたのにか。

石原　「どうして無茶なツッパリをするんだ。学校に迷惑をかけたら、どうするんだ」と。「なんで学校の迷惑なんですか。あなた方は一年前まで立派な海軍士官になり、お国のために、天皇のために死ねと言っていたじゃないですか。負けて悔しくありませんか」と答えたら、向こうは黙ってしまった。

亀井　軍国少年の面目躍如だ。

石原　そしたら、ある先生が「今日は引き取ってください」と、ほかの先生を下がらせた。僕と二人きりになったら、手を握って、「おい、石原、戦に敗れるというのはこういうことなんだ。俺だって悔しいし、お前の悔しさもわかる。我慢するしかないんだ」と言ってくれた。僕は「わかりました」と言って、はじめて納得したよ。

亀井　まさに「耐え難きを耐え、忍び難きを忍び」だな。私は敗戦だとわかったとき、「もうおしまいだ」と思って、小刀を持ち出して一緒に死のうと、兄貴を追いかけ回したことがある（笑）。

石原　亀ちゃんも立派な軍国少年だ（笑）。そこまで思い詰めていたなら、宮城の前で腹を切れば良かったのに。

亀井　子供だったから、そこまで知恵が回らなかった（苦笑）。今の時代、自分の意思で「死のう」と思えないのは、ある種の悲劇じゃないか。昔は特攻隊のように「お国のために」と綺麗な割り切り方をして死ぬことができた。今はそれができない。

石原　友人の西部邁が多摩川で自殺したけど、まわりの助けを借りてしただろう。その手助けをした友人たちは自殺幇助（ほうじょ）で捕まったけど、情けないじゃないか。

亀井　一人で入水すると、流されて土左衛門になってしまう。それを嫌がったんだ。

石原　江藤淳は、自宅の風呂場で手首を切って死んだよ。そういう死に方もある。

亀井　文士は自殺する人間が多い。芥川龍之介、太宰治、川端康成、三島由紀夫……。石原さんはどうなの？

石原　僕は文士じゃなく武士だからな（笑）。

亀井　おお、そうか。一方で、引きこもりの息子を殺した農水省の元次官もいる。

石原　それは親の愛情だよ。

亀井　同感だな。息子は息子、自分は自分という親子関係もあれば、息子の行く末に責任を持つ親もいる。これは他人にはなかなかわからない。まさに人間の〝業〟だ。

石原　政治の世界こそ〝業〟ばかりじゃないか。

三島由紀夫の最後の写真

石原　戦中戦後の屈辱体験は今でも忘れられないね。あと、三年早く生まれていたら海軍に入っていただろうから、遅れてきた軍国少年だった。軍人になる前に終戦になってしまったよ。

亀井　石原さんは三島由紀夫と似たような軌跡を描いている。三島さんは急に右に行ったけど、もともとはそうでもなかった。

石原　敗戦後、親父が東京裁判の傍聴券をどこからか取ってきてくれた。一人では無理だから、隣の大学生のお兄さんと一緒に法廷が開かれた市ヶ谷へ行った。雨の日に下駄をはいていたけど、階段を上っていったら踊り場にＭＰが一人いて、僕は肩をいきなり摑まれた。英語で何か言われたんだけど、何を言っているのかわからなかった。

一緒にいた大学生が通訳してくれて、「下駄がうるさいから脱げ」と。それで脱いだら、ＭＰがバッと足で払った。下駄を拾って胸に抱いて、裸足で二階まで上がった。それで、着席してから下駄をはいて裁判を見たけど、あのときに受けた屈辱感は、とにかく今でも忘れられない。それから完全なＧＨＱの支配が始まり、言論統制も行われ、憲法も含めて批判が許されなくなった。江藤淳が『閉された言語空間』（文春文庫）という立派な本を書いたけど、まさにそういう時代が日本に来たんだ。

亀井　考えてみると、西部邁、三島由紀夫、そして石原慎太郎……これが戦後日本の知の三巨人だったと、つくづく思う。

石原　僕は違うよ（笑）。三島さんについてはあまりに知りすぎているから言いたくないけど、あれほど「虚飾」に塗れた人はいなかったな。

亀井　そうかもしれない。

石原　老舗料亭金田中の故岡副昭吾さんは新橋演舞場の社長だったけど、その弟子に岩下尚史という作家がいる。彼が三島さんのことをよく知っていて、『ヒタメン　三島由紀夫が女に逢う時…』（雄山閣）という本を書いた。その本によると、三島さんは三十歳まで童貞だったそうだ。

亀井　へえ、そう。

石原　三島さんは赤坂の有名な高級料亭「若林」の娘、豊田貞子と、中村歌右衛門の楽屋で知り合って相思相愛になった。その頃、三島さんは印税も大して入らず金がなかった。湯浅あつ子という女性と、三島さんは友達関係だったんだけど、その湯浅さんがサロンを開いていて、いろいろな人が出入りしていた。三島さんはそのことを『鏡子の家』で描いている。三島さんは湯浅さんからたびたび十万円を借りて、豊田女史とデートしていた。金がない姿を、好きな女に見せたくなかったんだ。ところが、その豊田女史は、突然、三島さんを振ってスポーツ選手と結婚してしまった。三島さんは地団駄踏んで悔しがった。

亀井　痛ましい話だね。

石原　三島さんは自分の肉体的弱さを隠すためボディビルに専念するけど、彼ほど天才的に肉体能力がなかった人はいない（笑）。三島さんは『からっ風野郎』（増村保造監督／一九六〇年）という映画に出演したことがある。情婦役の若尾文子に、ヤクザ役の三島さんが激怒して灰皿を投げつけるシーンがあるんだけど、三島さんはどうしてもうまく投げられなかった。しょうがないから、付き人と一緒に一時間ばかりキャッチボールをさせたそうだ。

亀井　そんなに運動神経がなかったのか。

石原　結局、それでもうまく投げられず、編集で誤魔化した。最後のシーンも問題があって、エスカレーターに乗っているとき、三島さんはピストルで撃たれて倒れて死ぬ。でも、その倒れ方がうまくいかない。何回テイクを重ねてもＯＫが出ないから、最後は三島さん、やけくそになって、頭から倒れて大ケガしてしまった（笑）。結局、できあがった映画も悲惨なデキだった。そういった虚飾を塗りつぶすために、最後は楯の会をつくって、割腹自殺を遂げた。

亀井　自分のコンプレックスから逃れるためだったのかね。

石原　三島さんは写真にもコンプレックスがあって、僕に「君ね、ジャーナリストに写真を撮らせるときは気をつけろよ。あいつらは劣等感を持っているから一番表情の悪い写真しか載せないぞ」と言ってきたことがある（笑）。僕はそんなもんかなと思った。

三島由紀夫の写真は、つくりごとを含めて全部インチキだったけど、たった一枚、三島さんの本当に美しい写真がある。市ヶ谷駐屯地の総監室に立てこもって、最後に割腹する前、いろいろ指示をしている瞬間を、自衛隊のカメラマンが隠れて撮ったものので、佐々淳行に見せてもらった。そのときの三島さんの表情は、澄みに澄んでいて、死ぬ寸前の人間の美しさはかくたるものかとしみじみ思ったな。結局、三島さんは自分のもっとも美しい写真を、ついに見ることがなかったんだ。

天才的に運動神経がない人

石原　それと僕は三島さんに殺されかけたことがある。三島さんは天才的に運動神経がない人だった。ボディビルで筋肉をつけても、うまく体を動かせないんだ。三島さんは、『中央公論』の編集長だった笹原金次郎（ささはらきんじろう）から剣道を習った。笹原さんから聞いたんだけど、三島さんは手首が返らないから竹刀を手拭いを絞るように握ることができない。ただ手を添えるだけ。

亀井　そうなんだ。

石原　剣道協会は三島さんに気を遣って段位をあげてしまった。「五段だ」と言っていたけど、政界一の剣術つかい橋本龍太郎がときどき手合わせをしていたから、「おい、龍ちゃん、三島さんの本来の腕って二級か三級くらいだろう？」と聞いてみたことがある。「三級じゃかわいそうだな。一級くらいじゃない？」と言っていた。そんなもんだった。

三島さんは最後、居合を始めるようになった。『月刊ペン』という雑誌で、三島さんと料理屋で対談することになった。そのとき、三島さんは肉体美を見せるために、メッシュのポロシャツを着て現れた。三島さんが、

「居合の稽古が終わってから来たんだ」

と言うから、

「そうですか。今、どれくらいの段階なんですか」

「三段だ」

「え、本当ですか？　ならば、あなたは真剣で指を切ったでしょう」

「バカ言え。見ろ、どこに傷があるんだ」

と手を見せてくれた。

「それだけ言うんだったら、技を見せてください」

と、正座してお願いしますと僕が言ったら、隣の部屋に行って、三島さんは居合をやり始めた。三島さんはいろいろ解説しながら技を見せてくれたんだけど、最後に僕

に向かって「エエイ！」と真剣を振り下ろした。寸止めするつもりだったんだけど、間尺を間違えて顔を切りつけそうになった。鴨居があったから、そこに当たって刃がこぼれてしまった。

三島さんは刀を見て、

「研ぎ直さないと。三万円くらいかかるな」

とボソッとつぶやいていた（笑）。

亀井　それは傑作だ（笑）。

石原　三島さんが「この部屋は居合には狭かったな」と言うから、僕は可笑しくなって、「それは変だ、居合というのは、もともと狭い部屋でやるもんでしょうが。これが本当の勝負だったら、あなたが鴨居を切っている間に、僕は鉄扇であなたの腹を突くか、脇差しならかっさばいていましたよ」とからかった。三島さんは「どうせ、あなたはこのことを外でべらべらしゃべるんだろう」と言うから、「しゃべりませんよ。僕は本当に斬られるんじゃないかと思って怖かったんです」と言い返した。よく覚えていないけど、三島さんは変な言い訳をしてごまかしていたよ。

野村秋介（しゅうすけ）の狂気

亀井　三島さんは政治家には興味がなかったのかな。

石原　なるつもりだったんだ。三島さんは剣道仲間の八田一朗に「参議院選挙に出たい。選挙資金はどれくらいいるんだ？」と金の相談までしていた。だけど、先に僕と今東光が選挙に出て当選したからやめてしまった。もし三島さんが僕より先に参議院選挙に打って出たら、僕は彼のことを敬愛していたから、選挙に出ずに一所懸命応援したと思うよ。

亀井　当選していた可能性は高いな。

石原　三島さんの妻、瑤子さんと、佐藤栄作総理の妻、寛子さんとは仲が良かった。その二人と三島さんが会うと、いつも三島さんは「ああ、つまんない、俺はつまんない」とぼやいていたそうだ。奥さんが「どうしてつまらないの？」と聞くと、三島さんは「川端康成さんはノーベル文学賞を受賞し、石原慎太郎は政治家になってしまった」

と。三島さんは僕のことをとても妬(ねた)んでいたな。

僕が自民党を批判したとき、三島さんは毎日新聞で「貴兄(石原氏)が自民党の参院議員でありながら、ここまで自民党をボロクソに仰言る、ああ石原も偉いものだ……(中略)……昔の武士は、藩に不平があれば諫死(かんし)しました。さもなければ黙つて耐へました。何ものかに属する、とはさういふことです」と、「士道について」という公開書状を掲載した。でも、封建社会じゃないんだから、藩と政党をごっちゃにして武士道を説くのは変だろう。毎日も困ってしまって「石原さん、反論記事を書いていいですが、一回きりにしてください。我々も三島さんの言っていることはおかしいと思っています」と言ってきたことがあった。それで僕は五日後に毎日新聞で反論記事を書いた。

亀井　三島さんは嫉妬深い人だったんだな。

石原　頭の良い人だったけど、良すぎて自分がわからなくなってしまったんだ。

亀井　「石原慎太郎」――畳の上で死ぬタイプじゃない。『太陽の季節』から始まってカッコいい人生を生きてきただろう。そういう人は老いぼれて、あの世に行くのはダメだ。

石原 勝手なことばかり言ってる（笑）。「狂気」といったら野村秋介だな。あいつほど、狂気が似合うやつはいなかった。野村が朝日新聞の本社を訪れ、当時の社長や幹部連中の前で拳銃自殺したけど、その責任の一端は僕にもある。

死ぬ前、赤坂の料亭で会ったんだけど、野村はすごく派手な格好でやってきた。僕は「なんだ、その恰好は。言っていることとやっていることが全然違うじゃないか。ほかにすることがあるだろう」と難詰したら、野村は顔色を変えて押し黙ってしまった。

そのあと、自殺事件を起こした。僕は通夜に行ったんだけど、右翼やヤクザがたくさんいた。その前で、涙を流して、「野村君、なんでこんなバカな死に方をしたんだ。どうして朝日の社長を殺してしまわなかったんだ」と僕が言ったら、まわりの連中はシラけていたな。

野村というのは大した奴だった。河野一郎の家を焼き討ちして十六年刑務所にいて、出所後、すぐに経団連襲撃事件（一九七七年／ピストルと猟銃と日本刀を携えて経団連会館に侵入し、職員十二名を人質に取って会長室に約十一時間監禁籠城した）を起こした、本当の実行者だった。あんな人間がいたら警察も手を焼くし、一目も二目も置かれる存在だよ。

亀井　石原さんも狂気が似合う（笑）。三島、西部がいない今、もう日本には、狂気の物書きと言えば石原さんしかいない。西部さんとは若い頃、酒席を共にしたけど、シャイな男だったなあ。彼はマルキシズムから出発しているけど、だんだん日本に回帰していった。

石原　西部より、渡部昇一さんのほうがはるかに巨大な知性の持ち主だったと思う。ただ、西部のように転向する思想家は多いね。

亀井　森田実もそう。全共闘世代の連中は、どんどん転向していったけど、西部はその一人だった。

石原　この間、頭に来たのは、大江健三郎だ。大江は『読売新聞』（二〇一九年五月六日付）のインタビューで、僕が六〇年安保に反対したと書いているが、それはまったくの嘘。僕が反対したのは自民党が数をかざして単独議決をしたことに対してだよ。

「安保反対」の語呂がいいから、そのうち乗せられて、反対デモに一緒に行くことにもなった。

僕が「安保のこと、知っているのか」とデモしている連中に聞いたら、みんな「知らない」と言う。そこで江藤淳を呼んで講演させたら、「そんな大事なことなのか」と一気に賛成派に転向してしまった（笑）。

亀井　本質を知らないで、ムードだけで反対していたんだ。

石原　かつて筑摩書房から『展望』という雑誌が出ていたけど、僕はそこに「鳥目の日本人――日本人の思考における病疾」というタイトルで、視野狭窄（きょうさく）の日本人をテーマにしたものを書いた。その中で「樺美智子（かんばみちこ）は自分で自分を踏み殺した」という一文を書いたんだけど、我ながら名文だと思った。

ところが、編集者から、その一文だけは無残だから削除してくれと言ってきた。ダメだと言ったら、編集部で勝手に削ってしまった。安保闘争のとき、僕は国会前まで見に行ったことがある。その中で右翼の連中が「そのうち自衛隊が来て、お前ら、雲散霧消するぞ」とアジっている奴がいた。すぐ横には首相官邸があるだろう。公邸も隣にあったけど、見たら、警官が一人もいない。暴徒も誰一人としていなかった。本気で政権を倒すはずなのに、誰一人として公邸に行く奴がいないんだなと思ったね。

亀井　根性がない（笑）。

石原　シェイクスピアの戯曲に『Much Ado About Nothing』（空騒ぎ）という作品があるけど、安保闘争は、本当に上っ面の空騒ぎだったと思う。ただ、最後まで転向しなかったのは大江健三郎と、小田実だったな。大江はいつかの講演で「日本の若者たちにとって理想の国は北朝鮮しかない」とまで明言している。本人は覚えているかどうか知らないが（笑）。

亀井　大江さんは今でも中国を訪問したりと、精力的な活動を続けている。

石原　僕が都知事になったときも、大江は「石原が都知事になったのは、日本の恥だ」と大学で講演していた（笑）。大江は昔、僕の作品の愛読者で「あのシークエンスは面白かった」などと言ってくれたこともあったけど、日本人の知識人はアテにならないところがたくさんある、その最たる人間の一人だ。

ベトナム戦争の体験

石原　話は少し変わるが、フリージャーナリストの安田純平がシリアのテロリストに捕まって、三年四カ月を経て解放されただろう。その保釈金を政府が払ったかどうか、いろいろ取りざたされたことがあったよね。

亀井　紛争地域に自ら飛び込んだんだから、死のうが生きようが、それは本人の自己責任ではあるが、そのこととは別に、日本国籍を持っている人間が拉致されている以上は、国家として救出する責務はあるな。

石原　同業のメディアから「売名だ、売名だ」と批判を浴びせられたけど、普通のメディアに属している人間が取ってこられない情報を、安田のようなフリージャーナリストが、命がけで取ってきたわけだ。それも大事なことだと思うな。

亀井　「ジャーナリスト」を自任するなら、どんどん危険地域に行って、真実を報道するべきだよ。東京の冷暖房が効いた部屋のど真ん中に座って、頭の中で書いているようではダメだ。現地に行って、皮膚感覚的に得たものを土台にして書かないとな。

石原　その通りだ。だいたい、今は大手メディアが記者たちをそういうところへ行かせないだろう。ベトナム戦争時代は違ったんだけどな。

亀井　石原さん、ベトナムに行ったことがあるんだろう。

石原　読売新聞の企画でな。戦争そのものの取材ではなく、異教徒であるベトコン側から提案された「クリスマス停戦（トルース）」というキリストの誕生を祝うため四十八時間に限り行われる停戦を対象にしていた。でも、その取材だけでは物足りないから、最前線の待ち伏せ作戦まで取材に行った。

行くときに、同行者から「どんな武器を持っていく？　マシンガンは貸せないけど、拳銃かライフルか、どちらがいい？」と聞かれた。僕は「いや、いらない」と断った。ところが、真夜中、ポンチョをかぶって身を潜めているんだけど、怖くて仕方がない。「ああ、武器を借りればよかったな」と後悔したよ。

その前にベトナムにあった戦争記念館に立ち寄ったんだけど、ベトコンはアメリカ兵を殺すとき、側に忍び寄るとピアノ線で首を絞めて、ちょん切ることが人形つきで紹介されていた。待ち伏せの間中、その場面がやたらと脳裏に蘇ってくるんだ。だから、持っていた万年筆のキャップを外して、もし敵が来たら、それで刺してやろうと準備していた。

亀井　そういう体験は大きいよな。

石原　「暗視スコープ」という夜でも見える望遠鏡があるんだけど、アメリカ兵士に「見てみろ」と言われて覗いてみたことがある。ベトコンの影が見えるんだ。そこで小隊長が「撃て！」と叫び、一斉射撃を始めた。夜が明けて現場に行ってみると、七名の兵士がハチの巣になっていた。ベトナム戦争の体験は、僕の人生において、陰に陽に影響を受けていると思うな。

あさま山荘事件にて

石原　佐々淳行（元内閣安全保障室長）が二〇一八年一〇月に亡くなったな。君もあのとき、「あさま山荘」にいたんだろう。最近、面白い本を読んだ。佐々の『連合赤軍「あさま山荘」事件』(文藝春秋)を読んだことがあるけど、その中に亀ちゃんが出てくる。銃撃戦をしているとき、佐々の横で一人、命令もないのにあさま山荘へ向かおうとする私服の人間がいたから危ないと止めた。それが「亀井警視正だった」と(笑)。そこで亀ちゃんが、「佐々先輩、私は先輩を見損なっていました。才気走った〝口舌(くぜつ)の徒(と)〟だと思うとりました。だが仲々やるもんですなぁ」とほめた、と。

亀井　佐々さんは見事な指揮を執っていた。ただ、犯人を生け捕りしようとしたため、警察官が二人射ち殺されてしまったから、本当にすさまじい事件だった。犠牲者が多数出たが、一つには内部の状況がわからないまま突入せざるを得なかったからだ。煙突から集音器を入れて音を拾おうとしたが、失敗に終わった。

　さらにもう一つの誤算は、鉄球を積んだ十トンのクレーン車のエンジンが、途中で止まってしまった。山荘を完全に破壊してから突入するという計画だったけど、破壊できずに突入を強いられた。

石原　突入後も犯人にすぐには接近できなかったそうだな。

亀井　乱射する犯人に対して発砲をためらったからだ。でも、指令方法にも問題があった。「適正に拳銃を使用しろ」と命じられていた。

石原 初めから拳銃の使用許可を出しておけばいいのに、途中から許可したんだよな。

亀井 許可が下りた後も、まったく撃たない。「適正に使用せよ」と言われていたから。ああいう極限状況では、ただ「撃て！」と単純な命令を出すべきなんだ。

石原 そうだな。

亀井 佐々さんの頭脳は本当に素晴らしかった。脳ミソを記念物として取っておきたかったくらいだ（笑）。ただ、最大の欠点は自分の危機管理ができなかったことだ。

石原 功績を〝我がこと〟として、あからさまに書いていたりしていたからな。

亀井 だから、組織の人間からは嫌われてしまう。

石原 後藤田正晴の〝使い捨て〟みたいになった。「適正に」と言っても判断が難しいだろう。

亀井 そうだよ。私は現場で、ただ「撃て！」と声を張り上げていた。まあ、佐々さんは立派な人だったけど、しゃべりすぎる面があったな。

石原 そういうところはあった。

亀井　連合赤軍はあさま山荘に立て籠もる前に、〝同志〟十二人の男女をリンチで殺した。

石原　主犯の一人が永田洋子だけど、彼女はまず自分よりも綺麗な女を殺していったんだってな。女の情念の凄さを感じるよ。

亀井　マルクス主義によって社会の貧しい人たちを救いたいという若者たちの気持ちは、わからないでもなかった。彼らを取り調べている最中、ある情熱が感じられることもたびたびあった。

山口二矢（おとや）の決起

亀井　私は六〇年の安保闘争を見て警察官になろうと思った口だから。

石原　亀ちゃんの警察時代の一代記は面白い。極左対策をしながら、任務遂行のために、公に曝（さら）されたら逮捕されるようなことをしていたんだからね。

亀井　今だから言えるけど、どうやって法律のウラをかいて仕事をするかということをしていた。権力の裏側を這いずり回っていくわけだから、とても面白かった。共産党本部の屋根裏に入り込んで盗聴器を仕掛けたこともある。作業をしていたとき、下にいた連中が「なんだかおかしいな」と言っている（笑）。

石原　人間のカンが働いたのか。

亀井　「ああ、バレたか、万事休すだ」と思ったけど、何とかやり過ごすことができた。それとは別に、共産党幹部の自宅の部屋の屋根裏に忍び込んだとき、女が一緒に寝ていた。そしたら、女が「あら、あなた、誰か見ているような気がする」と（笑）。

石原　ハハハ、まさしく女のカンだな（笑）。

亀井　今は極左自体が存在していないし、公安警察も内調も呑気なものじゃないか。

石原　亀ちゃんは警察の官僚時代、極左対策と同時に極右対策もしていたんだろう。

亀井　東京の部隊長含めて、五〜六人で集まっていた連中がいた。

石原　何を目的としていたんだ。

亀井　彼らは自衛隊の立場に憤りを覚え、「国軍として認知してもらおう」と考えていた。調査を進めると、エスカレートしているのがわかった。でも、決起したところですぐ潰される。だから、当時の防衛庁に連絡し、理由を一切言わず三人の名前をあげて、別々の地方勤務にさせてくれと。その結果、当事者たちも自分たちの企図がバレたことを悟ったわけだ。

石原　まさに「汨羅(べきら)の淵に波騒ぎ」だな。憂国の情に駆られていたんだ。

亀井　北一輝のような理論的指導者がいなかったから、具体性はあまりなかった。当時の自衛官は欲求不満の塊(かたまり)だったんだ。今はもうそんな元気はない。今の日本には真の愛国者がいない。山口二矢が浅沼稲次郎(当時、日本社会党党首)を暗殺したけど、政治・思想レベルでテロ行動を起こしたのは、彼が最後じゃないか。

石原　山口は神様みたいな存在だ。浅沼は「アメリカ帝国主義は日中両国人民の共同の敵」と考え、訪中した。帰国して羽田空港に到着したとき、意気揚々と工人帽を被って出てきたんだ。僕はその映像を見て「バカな奴がいるな。こいつはきっと殺されるぞ」と思ったら、案の定そうなった。

亀井　当時の社会党は中共に傾倒していたから。

石原　山口の父親は自衛官なんだ。僕はある人から紹介されて父親とテニスを何回かしたことがある。

亀井 今の時代は、山口のような青少年はもういなくなった。自分の命を賭してまで何かに殉ずることはない。

石原 先に話した野村秋介は本当にバカな死に方をした。ただ、すごいこともしたんだ。河野一郎の豪邸を一晩で燃やしてしまった。それで十六年刑務所にいて、出所したら二年目で経団連を襲撃するんだからな。

亀井 面白い奴だった。

石原 河野一郎邸焼き討ちの話は本人から聞いたんだけど、すごい話だった。門構えはまだ完成していなくてベニヤ板だけがあった。それを外して中に入ったら、お手伝いの女性が不審に思って出てきた。野村はピストルを向けて、「河野先生は今日はいますか」と聞いた。そしたら「おいでになりません」と女性は答えたが、そのとき、野村は「いなくてよかった」と思ったそうだ。

亀井 どうして?

石原 いたら、自分はその場で撃ち殺していただろうと。それで「奥さんに会わせろ」

と言って、ズカズカと邸内に入っていった。奥さんは一番奥の部屋で本を読んでいた。野村は「どうしてもあなたの御主人を許すことができないから、この家を焼きます。庭に出てください」と伝えた。

　それで家の人間を外に出して、それからガソリンをまいて、火をつけた。瞬間、ものすごい音がして、一瞬にして燃え広がった。そのとき、野村は「窓を開けていてよかった」と思ったそうだ。刑務所で服役していたとき、顔中に火傷を負った囚人と知り合いになった。その囚人は元トラックの運転手で、たまたま早く帰ってきたら、女房が男と寝ていたのを見つけた。カッとなって、その場でガソリンをまいて火をつけたんだ。窓を閉め切っていたから、火をつけた本人も火の勢いに巻き込まれてしまった。野村はその話を聞いていたから窓を開けた。それで自分の身も安全だったそうだ。

亀井　生々しい話だ。でも、河野一郎は悪い奴だろう。

石原　確かに。クレムリンに一人で行って、ソ連と漁業協定を勝手に締結した。そのため、北方領土の返還が妨害されるなど、日本の国益に反するようなことをしたんだ。野村は独特の俳句をつくっていた。彼の俳句は、明治以来の短歌・俳句・川柳の百選の一つにも選ばれている。僕が好きな俳句は、「俺に是非を説くな激しき雪が好き」。この俳句は吉本隆明も絶賛していた。

真の保守を目指せ

亀井　一回、戦争に負けたからといって、魂が抜かれた民族になってしまったのは憐れだ。まるで処女を喪ったショックで男が嫌いになった小娘みたいなものだ。

石原　相撲の不祥事や、レスリング協会や日大アメフト部のパワハラ、ボクシング連盟の不正にしろ、日本は一体どうなるのかと思うよ。責任回避ばかりじゃないか。

亀井　そもそもセクハラだ、パワハラだと騒ぐのはおかしい。運動部はパワハラがなければ成立しない。殴られることで選手は精神的に強くなる。それを女性言葉のように「こうしてちょうだい、ああしてちょうだい」と指導したって、強い選手が生まれるはずがない。

石原　旧制中学のとき、サッカー部だった。シゴキなんてものじゃないな、あれはイビリだ。ディフェンダーだったけど、ゴール前で相手のボールをヘディングで返す練習をした。しかも、とても近距離なところから先輩がボールを蹴ってくる。当時のボールは硬いから、すごく痛いんだ(笑)。低いボールが飛んでくることもあった。ヘディングできないと「バカ野郎!」と怒鳴られて、もっと低いボールが飛んできた。

亀井　そんなのヘディングできないだろう。

石原　悔しいから蹴り返してやった。そうしたら、「生意気だ、お前!」と言って、ゴロを蹴ってきた。それをヘディングしろと(苦笑)。そんなことばかりやらされた。でも、よく風邪をひく病弱な体だったけど、おかげで丈夫になった。

亀井　男性社会をどんどんなくそうとしている。ナヨナヨした女性社会になったら、いつか日本人は絶滅してしまう。子供も殴られて成長するし、行儀も良くなる。

私が小学生の頃は、学校に殴られに行っていたようなものだ。悪さをして殴られて、また同じことをすると殴られる。でも、全力で先生も接していた。愛のムチだったんだ。口で言っても、子供なんて言うことを聞かないものだ。

石原　今の時代は、教育と言えないかもしれないな。

亀井　今はエゴの時代だ。ある意味、野性の時代とも言える。エゴむき出しで、自国の利益を追求している。そんな中、シンゾーだけがニコニコして、トランプとお手てをつないでいたら、日本はやっていけなくなる。

石原　亀ちゃん曰く、首輪をつけて紐で引っぱってもらっているようなものだろう。

亀井　ポチだよ。北朝鮮をはじめ東アジアのことについて日本の頭越しに勝手に差配して、金だけ日本が出せと言っている。シンゾーは「はい、はい。わかりました」と。こんなバカなことはない。日本は拉致問題があるんだよ。「トランプさん、そうはいかない。拉致問題があるんだから、日本は絶対に北朝鮮と協力しない」とタンカの一つも切ってほしいものだ。

石原　中国に対してもそうだな。

亀井　文学者や作家の中で一番政治的な人は石原さんだろう。

石原　ほかにはいないか。

亀井　石原さんも思想家が奮い立つような小説を書いてよ。

石原　もう書いている。野村を題材にした「ある行為者の回想」。これは我ながら、実にいい小説だ。僕も死ぬ前に回想録ですべてを告白しようと思っている。フランスの作家、スタンダールは『赤と黒』『パルムの僧院』という名作があるけど、それと並んで傑作なのが回想録『アンリ・ブリュラールの生涯』。残念ながらスタンダールは外交官として出世したから、未完のままで終わってしまった。

亀井　そう、石原慎太郎の回想録は楽しみだな（笑）。とにかく日本はもっとしっかりしないといかん。そうだ、石原さん、血盟団をつくりませんか。

石原　何するんだ？

亀井　悪い奴らをやっつける！

石原　それは結構なことだ。

亀井　その代わり、真っ先に石原さんが突っ込んでいくのよ（笑）。

石原　そんな体力はもうないな（笑）。

亀井　緊張感のある日本にしないといけない。保守とは「よきものを守る」という意味なんだ。だから、悪いものまで守る必要はない。そこの見極めが肝心だよ。

石原　そうだな。

おわりに――

人の人生は人と人の出会いによって構築されている。

人生の幸不幸はそれによって左右されて行く。私が人生の半ば近くを費やした政治の世界で私の人生を彩ってくれたようなどれほどの素晴らしい出会いがあった事だろうか。思い返してみれば索漠(さくばく)たるものがある。政治という国家民族を背負った仕事のために選ばれた人間たちの中で功利を無視し信念に基づいて果敢に事を行う者がいかに少なかったことだろうか。

そうした中で亀井静香という男と行き会えたことは私にとって至福の体験だった。

私が金丸信と小沢一郎に金権支配されている自民党体質に反発し必敗覚悟で総裁選に立候補した時同じ捨て身の覚悟で私を支持してくれたのが彼だった。

以来盟友としての契り(ちぎ)は熱くつづいているが、この混濁(こんだく)の世に義憤に耐えずして二人して国家民族を憂い論じた記録がこの一冊だ。二人して何に憚(はばか)ることなく愛する国と民族のために論じてきたこの記録は義憤に燃える老いたる国士の後世への警告の遺言と思ってもらいたい。

祖国の姿今いかに。日本民族に長く幸あれかし。

石原慎太郎

本書は月刊『ＷｉＬＬ』に連載中の「甘辛問答」
（二〇一八年六月号〜二〇一九年十二月号）を
再構成したものです。

石原慎太郎（いしはら・しんたろう）
作家。1932年、神戸市生まれ。一橋大学卒。1956年、「太陽の季節」で芥川賞を受賞。1968年、自民党から出馬し参議院議員に当選。1972年に衆議院議員に当選。環境庁長官、運輸大臣などを歴任する。1999年から2012年まで東京都知事を務め、2012年から2014年まで再び衆議院議員を務めた。作家として、『国家なる幻影』、『弟』、『天才』などベストセラーを多数執筆。東京都知事として東京マラソンの開催、東京オリンピック招致などに尽力した。

亀井静香（かめい・しずか）
元衆議院議員。1936年、広島県生まれ。東京大学経済学部卒。元警察官僚で、階級は警視正（警察庁退官時）。衆議院議員（通算13期）時代に、運輸大臣、建設大臣、金融大臣、郵政改革担当大臣、自由民主党政務調査会長、国民新党代表などを歴任。2017年、政界を引退。石原氏との共著『「YES」と言わせる日本』（小学館新書）、単著に『晋三よ! 国滅ぼしたもうことなかれ』（メディア・パル）などがある。

日本よ、憚ることなく

2019年12月31日　初版発行

著　者　石原慎太郎・亀井静香

発行者　鈴木 隆一

発行所　ワック株式会社
東京都千代田区五番町 4-5　五番町コスモビル　〒 102-0076
電話　03-5226-7622
http://web-wac.co.jp/

印刷製本　大日本印刷株式会社

ISBN978-4-89831-814-0